CONFITURAS
DE
NOSTRADAMUS

Si este libro le ha gustado y desea más información sobre nuestras publicaciones, puede consultar nuestra tienda especializada en la Web: http://caesaremnostradamus.com/tienda/ donde encontrar un amplio catálogo de todos nuestros títulos.

© Manuel Sánchez
http://www.caesaremnostradamus.com
Primera Edición: septiembre 2012
ISBN-13: 978-1479273034
ISBN-10: 1479273031

Segunda Edición: marzo 2016
ISBN-13: 978-8460870180
ISBN-10: 8460870189

Edición digital: 978-13-012-2150-9
Traductor: Manuel Sánchez
Maquetación: Manuel Sánchez
Diseño de portada: Manuel Sánchez

«Cualquier forma de reproducción, distribución, comunicación pública o transformación de esta obra sólo puede ser realizada con la autorización de sus titulares, salvo excepción prevista por la ley. Diríjase a CEDRO (Centro Español de Derechos Reprográficos, www.cedro.org), si necesita fotocopiar o escanear algún fragmento de esta obra».

A finales del siglo XV comenzaría a estamparse en libros el modo de realizar los diferentes medicamentos en las boticas, un proceso que abrió las puertas a la farmacéutica actual. Nostradamus, sin duda, formó parte de esta corriente dirigiendo su sabiduría hacia este campo. Fue pionera en este tipo de tratados Barcelona, en España, mediante la aparición de una obra maestra titulada *la Concordia de los boticarios*, en 1511. Pero realmente el origen de esta practica proviene de diferentes autores del siglo XI como el médico persa, Avicena, o de Nicolás de Salermo y su obra, *Antidotario*.

Nostradamus en sus Confituras no solo plasma sus descubrimientos médicos y cosméticos, él va más allá, y presenta un texto críptico, fiel a su estilo, plagado de alusiones alquímicas difíciles de comprender para el hombre de hoy, pues ha perdido parte de la esencia del sabio silencio. Nostradamus relata sus vivencias más variopintas como: su experiencia dramática con la peste, sus viajes, su periodo estudiantil y, un largo etc. que nos ayuda a comprender muy mucho partes de su vida. También hace gala de su tremenda cultura muy sobresaliente para su época, donde, mediante todo tipo de metáforas valiéndose de distintos mitos, héroes, sabios, y eruditos de reconocido prestigio, consigue dejar al lector boquiabierto.

Por todo ello y mucho más, encuentro suficientes motivos para invertir mi tiempo en sacar a la luz este texto magnifico de Nostradamus, que aunque menos conocido, no por ello es menos digno de elogio.

El lector comprobará como un libro sobre recetas puede enganchar tanto, pero que decir, es de Nostradamus.

Esta traducción surge del título original de uno de los primeros trabajos de Michel Nostradamus que presentamos por primera vez en lengua española, íntegramente, sin aditivos. Este escrito gozó de un éxito impensable para su época y se conocen unas quince ediciones. La primera fue realizada en 1552 en Lyon, por Juan Pullon de Trin. Será la segunda edición la elegida para este trabajo meticuloso y fiel a Nostradamus, que fue realizada a la par que las centurias, en 1555, por Antoine Volant, en Lyon. Señalaré que el título se cambió respecto a la edición de 1552.

Título de la primera edición, 1552:
El verdadero perfeccionamiento y embellecimiento de la cara, y la manera de hacer mermeladas.

Título de la segunda y tercera edición, 1555, 1556:
Excelente y muy útil opúsculo para todos necesario con diferentes formas de hacer exquisitas Recetas, dividido en dos partes

Se pueden encontrar ejemplares de la segunda edición, aunque algunos deteriorados en:
—BM Lyon: Res 813 538
—BNF: Res 2623 V
—Arsenal, París: 8 ° S 12 590
—Sorbona, París, 1016 RRA = 6 & FB 474
—Colegio de San Juan, Cambridge: Mm.8.54
—Casa Nostradamus, Salón de Provence

Es posible que Nostradamus se inspirara de la obra italiana publicada en Venecia en 1529, por Sabbio: *Opera nuova intitolata Dificio de ricette, nella quale si contengono se utilissima Ricettari.* Existen ediciones de esta obra en italiano y francés que se conservan en el Museo Británico y la Biblioteca Wellcome de Medicina de Londres. También pudo inspirarse del *Tratado sobre los vinos* de Giovanni Battista Confalonieri —Basilea, 1535—. Es curioso también, que el médico y botánico Leonhart Baviera Fuchs, personaje nombrado por Nostradamus en sus confituras, realizara posteriormente un trabajo similar cuyas primeras ediciones datan de 1558: *para el beneficio común de todos, que contiene la más soberana preservación de la salud.*

Se advierte que esta traducción no ha sido realizada con ánimos culinarios de ningún tipo y que cualquier lector que desee llevar acabo alguna de sus recetas mencionadas, lo hará bajo su propia responsabilidad. Yo me limito simplemente a sacarlo nuevamente a la luz tras más de V siglos de silencio y regalar al lector la bonita sinfonía presente entre Nostradamus y las artes de su tiempo.

Excelente y muy útil opúsculo para todos necesario con diferentes formas de hacer exquisitas Recetas, dividido en dos partes.

La primera parte trata de diversas clases de Maquillajes y de los Sectores para ilustrar y embellecer la cara.

La Segunda parte nos muestra el modo y la manera de hacer mermeladas de varias clases, con miel, con azúcar, y vino cocido, todo puesto por capítulos como es mencionado en la amplia Tabla.

Recientemente ha sido compuesto por el maestro Michel de Nostredame doctor en Medicina de la ciudad de Salón de Craux, en Provenza, y nuevamente sacado a la luz en Lyon por Antoine Volant, en 1556.

POEMA

Médico Michel de Nostredame al lector Benévolo salvación.

Después de haber consumido la mayor parte de mis años jóvenes, LECTOR BENEVOLO, buscando el conocimiento farmacéutico y el simple escrutinio por varias tierras y países, después del año 1521 hasta el año 1529, sin cesar, para entender y saber la fuente y origen de las plantas[1] y otras simplezas que conciernen al fin de la facultad Latricia. Después de haber querido imitar solo la sombra de Paulus Aegineta[2] sin querer compararme con su gran sabiduría, tan solamente lo nombraré. Nostradamus sabe la gran labor que realizó en la tierra, *Sextrophae*[3]. He nacido en Galia y cuando llegaba al final de mis ocho años cumplidos, no podía encontrar, ni perfectamente alcanzar, esa cúspide de la doctrina perfecta, habiendo hecho como recita lo que era culmen de la Lengua Latina diciendo: *Y saldrá del bosque vecino unión*[4] y regresé para acabar mis estudios hasta hoy, que es el treinta y uno del año de mi diligencia, que es el mil quinientos cincuenta y dos. Y después de tener cuidadosamente, por frecuente y continuo estudio, visto todos y cada uno de los autores, tanto Griegos como latinos y Bárbaros, traducidos la mayor parte en lengua Latina y otros puestos en discurso no pasajero. Entre otras materias he visto lo que habían dejado por escrito en cuanto a la ilustración de la cara. Es por eso que frecuentemente varias mujeres en varias comarcas a causa de los años pasados venían secretamente y por empresa sutil, a esconder y ocultar la principal parte del cuerpo, que es la cabeza, demostrando por apariencia manifiesta que las aplicaciones puestas en la cara decepcionaban los juegos de los videntes.

Las damas que de cara son semejantes a Friné[5] pero que tienen mucha más edad y que son parecidas a las que estaban en el ban-

---

1. *En el original parece poner Planetes, lo que se traduciría como planetas y no plantas, que sería Plantes.*
2. *Pablo de Egina, 625-695. Fue un médico griego.*
3. *Sex, sexto y trofhae en alemán tesoro. Sextotesoro.*
4. *Y egressus sylvis vicina coëgi. Frase en latín escrita en La Eneida por Virgilio.*
5. *Phyné, literalmente, «Sapo», un apodo dado por su piel amarilla. Fue una famosa hetaira griega célebre por su belleza; la cual, nació en Tespias durante el año 328 a.C con el nombre de Mnésareté.*

quete, tienen la necesidad de usar lo que ahora pondré para la conservación completa de sus caras. Verdaderamente hacen bien en mirarlo y preescrutar cuidadosamente esto para que tal inconveniente no pase. Tengo conocimiento de los grandes personajes que en diversas regiones continuamente hacían y usaban la mayor parte de tales menesteres, pero por mucho que ellos lo intentaban les pasaba como a Proteus[1], que cambiaba de cara cuando él quería. Después de buscar en todos los libros, por lo menos aquellos cuales mi facultad y poder me satisficieron, no encontré jamás ni un poco de las cosas que están aquí insertadas porque en ellos se hablaba de la belleza e ilustración de la cara, de lo que decía uno y otro, pero la mayor parte de los que redactaban bien por escrito no pusieron ungüentos, linimentos, ni aceites, ni nada en el mundo que ponga la cara más morena y ennegrecida. Si lo pusieron, tales aplicaciones fueron muy posiblemente desterradas rápidamente, o talvez, ellos quisieron callar. No digo que no haya varios que tengan el conocimiento perfecto de toda la doctrina de la medicina, pero todas las veces ignoraron esto de la misma manera. Por mucho que los excusemos se trataba más de la obra de una mujer que de la facultad de medicina.

Cuando los antiguos en el tiempo de los griegos, «yo les vi bien según mi poder, esto es demasiado cierto», usaban de eso tanto o más que en el tiempo presente, la mayor parte de las mujeres lo hacían sin poner la mano en la pluma. En el tiempo del siglo Romano esto era más frecuente que en el presente y si lo deseaban contar, tales trabajos no fueron todavía sacados a la luz, pero menos mal que Marco Varron[2] no consintió que pasados mil años todos los saberes y artificios se perdieran. Diariamente son noticia las invenciones, estando en el tiempo presente en la facultad de medicina, y no paran incesantemente de escribir, pero ellos no dicen nada que no fue hace mucho tiempo dicho y son varios los que no hacen otra cosa que tomar de unos y de otros. Las buenas cartas que están escritas en lengua Arábica después de quinientos

---

1. Proteus, en la mitología griega era un antiguo dios del mar.
2. Marco Terencio Varrón, 116–27 d.C. Erudito y escritor satírico romano. Fue un escritor que buscó inculcar virtudes morales y vincular el futuro de Roma con su pasado glorioso. Se le conoce principalmente por su obra «Saturae Menippea».

años serán medio sepultadas. ¿Quién las tornará en un lenguaje más adornado y más elocuente?, pero si usted quiere escribirlas sin ver lo que los Bárbaros decían, será mejor realmente mantener la verdadera lengua Ática[1] viva, mantenida por un número más grande de sabios. En tiempos del siglo de Platón fueron más perfectos en toda erudición que lo son en el presente. Todavía yo no veo absolutamente a nadie que haya acometido tal pequeño encargo, pero cuando llegue a las manos de alguien que no acostumbre a hablar mal, no vituperará sobre todo nuestro exiguo trabajo. Sin embargo, he visto algunos que se habían juntado para hablar de la ilustración de la cara, hablaron de eso como medio ignorantes, y en cuanto a los aromas y fragancias señalaron bien que no harían jamás uso de varias cosas inútiles que los antiguos pusieron y dejaron por escrito, pero uno que sea versado en tales asuntos y vea ambos, dirá que uno se ve y otro se huele. Varios considerarán ser engañados por una simple lectura pero creyendo en el efecto contenida está la verdad. A menudo son encontradas posibles burlas, o esos, que redactaban por escrito asegurando su experiencia sin haberlo experimentado jamás, siendo eso lo que aseguraban como si lo hubieran probado en persona. Y veo algunas recetas concernientes al interior del cuerpo humano, tales prescripciones eran cercioradas por varios pasándoselas del uno al otro, escribiendo las materias que la persona en diversos países había usado, haciendo distinción perfecta, suputando por simetría del tiempo la edad del mal y la cualidad de los simples pudiendo más fácilmente atribuir fe y estudio.

Después de largos estudios de peligrosa ejercitación y de experiencia peligrosa, he estado largo tiempo parado sin dar nada a los semejantes por medio de palabras ni elocuentes frases, pero aún con una gracia singular a redactar por escrito y mediante la multiplicación de mi doctrina, si durante mi vida nunca hubiera experimentado nada la maquinaría sutil habría puesto por escrito solamente lo que he encontrado insertado por varios y diversos autores y no podría hablar sobre los que escriben muy bien. Plinio[2]

---

1. *De Ática, región de la Grecia antigua, de Atenas o de su lengua.*
2. *Plinio el Viejo. Estudioso romano. Su fama se funda en su obra "Historia natural".*

por ejemplo es un completísimo autor y Cornelius Celsus[1] que alega y que ha recitado en nombre de los Médicos, pero los autores como el susodicho Celsus han sido conversados en la facultad de Medicina. La mayor parte de los personajes doctos en la transmutación Pitagórica le trasfieren el alma de Pitágoras[2] como de Cicerón[3] a Longolius, y esto es lo que también han dicho sin tener nada para repetir, varios afirman que él nunca ejercitó en la facultad de Medicina y que no le es posible decirlo mejor en Latín. Pero vengamos a los de nuestro tiempo, Erasme[4] volviendo de Venecia estaba con Alde[5] gran amigo de Marcus Musurus[6] y de Ambrosius Leo de Nola[7], estando de regreso a Francia y pasando por Ferrare, habló con Nicolás Leonicenus[8], hombre sabio, docto en toda erudición y que continuamente trasladaba y componía obras en la facultad de Medicina. Le preguntó viendo que era tan sabio, porqué él no practicaba y visitaba a los enfermos, y él le respondió prudentemente como tenía de costumbre, que le era de mucho más provecho y utilidad aprender leyendo que ejerciendo y menos enfadoso, porque no le es posible estudiar ni escribir nada a una persona que vea muchos enfermos y, que verdaderamente, los que escribieron mucho en ninguna facultad tenían la vía para hacer el trabajo, porque el espíritu del que redacta por escrito pide sólo silencio. Sino le haría falta hacer como Julius Caesar, que escribía por la noche lo que hacía de día. Todas las veces el Fénix estaba en la facultad *Latricia* donde está Hipócrates tan divina-

---

1. *Aulus Cornelius Celsus, nacido en Roma o en Verona, es un médico de la antigüedad, apodado el Hipócrates latino y el cicerón de la medicina.*
2. *Pitágoras de Samos, 582-507 a.C. Filósofo y matemático griego famoso sobre todo por el Teorema de Pitágoras.*
3. *Marco Tulio Cicerón, Arpino, 106-43 a.C. Fue un político, filósofo, escritor y orador romano.*
4. *Erasmo de Rotterdam, conocido como Desiderius Erasmus Rotterdamus, nacido en Geert Geertsen, 1466/69-1536. Humanista, filósofo, filólogo y teólogo neerlandés, autor de importantes obras en latín.*
5. *Aldo Manuzio, conocido como Alde el joven, 1547-1597. Impresor Veneciano nieto de Alde el viejo.*
6. *Marcus Musurus, 1470-1517. Fue un erudito y filósofo griego nacido en Heraklion, en Creta, y colaborador del impresor veneciano Alde.*
7. *Ambrosius Leo Nolanus, 1457-1525. Médico, filósofo e humanista.*
8. *Niccolò Leoniceno, 1428- 1524. Médico y humanista italiano.*

mente escrito, no siendo posible para el hombre saber imitarlo, eso es lo que en su obra de las *Epidemias* demuestra claramente diciendo que había visto muchos enfermos, no obstante, escribió mucho y si le atribuyesen todas las obras posibles que hizo en vida, él denegaría la mayor parte, porque no tiene obra que no sienta la divina doctrina Hipocrática. Pero una vez estando yo en Agen, en Agenois, país de la Galia Aquitánica y con Julius Caesar Scaliger[1], hombre sabio y docto, un segundo Marcelle Ficin[2] en filosofía Platónica, en resumen, un personaje que yo no sabría con quién comparar, sino con Plutarco o Marco Varron, que permitía que la mayor parte de las obras de Galien[3] le fuesen atribuidas. Verdad es que yo he tenido conversaciones a menudo con François Valleriolle[4], y no caí si el Sol a treinta leguas a la redonda lo ve un hombre, aún estando más lleno de saber que él, que era en parte de la opinión de que se le atribuyeron algunas obras que nunca hizo. Cuántos como él han puesto al mismo Galien por escrito en su catálogo para que leyeran sus libros. Varios iguales nos ha producido el soberano Sol por toda la universal Galia, también en la Galia Belga hay otro Galien, que es Jaques Sylvius[5], y en Germania Leonarthus Fuchsius[6], que por la excelencia de sus estudios se procuró tanta inmortalidad que sus obras adquirieron una memoria sempiterna. Si sus sombras descendieran a los Campos Eliseos, Galien lo reconocería como verdaderos y un simulacro perfecto de su propia efigie, porque no le es posible a ser humano escribir más doctamente.

Habrá innumerables golpes para la Cristiandad que continuamente tiende a este fin, y se preparará por el trabajo de sus escritos una alabanza así misma para que sea perpetuamente glorifi-

---

1. *Julio César Scaliger, 1484 Verona-1558 Agen. Famoso erudito.*
2. *Marsile Ficin, Toscana 1433-Florencia 1499. Poeta y filósofo.*
3. *Claude Galien, 129 ó 131-201 o 216 a.C. Médico griego de la antigüedad considerado como uno de los padres de la farmacia.*
4. *François Vallériole de Narbona, ejerció la medicina en Valencia, Viena, Arles y luchó contra la peste. Murió en Turín. Conoció a Nostradamus en la facultad de Montpellier.*
5. *Jacques Dubois de Amiens, 1478-1555. Fue un renombrado médico francés y profesor en el Colegio de Francia.*
6. *Leonardo Fuchsius, 1501-1566. Médico y boticario Alemán.*

cada, pero sospecho mucho que eso no llegue con el tiempo, más aún cuando ahora se ven profesores en el *arte latricio* que hacen como se hizo en el siglo Romano cuando la ciudad estuvo durante quinientos años sin Médico alguno, aunque no creo yo eso por dos causas, por ocasión de los que lo ejercerán, así como por el destino de Chrysippe[1]. En los períodos de las fiebres con la filosofía profunda ellos permitían que las enfermedades fuesen mejor curadas por la naturaleza que por el arte. Ahora usted no sabrá hallar un pueblo tan pequeño, ni encontrarlo y en resumen, dudará que durante algún tiempo lo tengan muy demandado, dudando cogerán al vil y si queréis diré a los empíricos e ignorantes, mas bien a los dogmáticos y racionales, que por el exceso todas las veces podemos fácilmente percibir que después de muy poco tiempo las buenas cartas comenzarán tan bien a florecer después de cien años o algo menos. También la ciudad de Florencia produjo una multitud de personajes muy sabios en literatura, que yo aseguro que dejaron en este presente siglo reinar a la verdadera lengua Ática, pero no agradecemos mucho a nuestros predecesores habernos dejado por escrito tantos monumentos. Sumamos que por ellos nosotros comprendemos su tiempo y debemos considerar con la futura factura de las cartas lo que podría llegar en el futuro por conflagración, inundación o por ignorante negligencia.

Yo volví y revolví todo lo posible en muchas librerías, pero no fue suficiente, no pude encontrar ningún autor digno de fe que hiciese mención de la asignatura que he redactado por escrito. Pienso que ellos hablaron mucho de eso y que han usado varias clases de destilaciones del mismo tiempo de Hipócrates[2], que cuando él hablaba de *roris ciriaci*, o de *manna thuris*, no fue entendido por varios, porque era otra cosa. *Ros cyriacus* era lo que al destilar el benjuí[3] se elevaba alto con un color rojizo que se sublimaba, y *manna thuris*, era lo rojizo que se elevaba cuando se hacia el aceite de incienso, porque por entonces —como recita Herodo-

---

1. *Chrysippe de Sole, 280-206 a.C. Filósofo que fue segundo fundador del Estoicismo.*
2. *Hipócrates, 460-377 a.C.; Médico griego considerado el padre de la medicina.*
3. *Bálsamo aromático que se obtiene rajando la corteza de algunos árboles tropicales.*

to[1] y Diodorus Siculus[2]— embalsamaban los cuerpos con olores y los untaban con varios tipos de aceites y lo rojizo que se elevaba destilándolo lo llamaban *manna thuris*. Seguidamente haré retirar la frente de algunos porque posiblemente rechazarán mucho esto, pero probablemente haré con la abertura que alguien se sienta contento. También quise aquí poner la verdadera receta del Bórax[3], y para satisfacer a varios que estarán enfadados largamente, lo que podría ser el Bórax. Los libros de los abusadores alquimistas están llenos de esta sustancia. Yo jamás me decidiría a hacer la receta que ellos siempre acostumbraban a mezclar con alumbre[4], y hablo asegurando que el alumbre no tiene nada de Bórax. La receta que puse por escrito es la verdadera y la podemos experimentar fácilmente. Se encontrará mi verdad y es posible que a alguien por medio de mi abertura le haga enriquecerse. En cuanto a mí, quise que lo que yo sabía fuese conocido. También he insertado nuevos maquillajes para ilustrar la cara o la parte del cuerpo que se quiera, que si los años se notan se esconden tan fácilmente como las manchas y las arrugas de la cara, esto será nombrado como un segundo Aurum potabile[5] y para tenerlo reflejado inferí una receta, la cual no es nada adecuada para hacer Aurum potabile. Lucillius[6] era un poeta griego muy burlón que poco discrepaba del maligno Arquíloco, verdad es que Lucillius escribía con burla, y Arquíloco[7], hablaba mal. Una vez estando

---

1. *Heródoto, 484-430/420 a.C.; Historiador griego.*
2. *Diodoro Sículo o de Sicilia, historiador griego del siglo I a.C.*
3. *Bórax o tincal. Tetraborato de sodio decahidratado, mineral cristalino suave, liviano e incoloro usado como suplemento de jabón, desinfectante, enjuague bucal y ablandador de agua, entre otras muchas más cosas.*
2. *Sustancia sólida, blanca, compuesta de aluminio y potasio o compuesto análogo, que se usa para depurar aguas turbias, en farmacia como astringente y en tintorería para fijar los colores.*
5. *Aurum potabile o Oro potable. elixir de vida con casi increíbles curaciones. Era el oro bebible de los alquimistas. Estaba hecho de oro puro, licuado de una forma secreta y se procesaba en el laboratorio durante varios meses.*
6. *Cayo Lucilio, 160-103/2 a.C. Ciudadano romano que fue un escritor satírico de cuyos escritos sólo quedan fragmentos.*
2. *Poeta y mercenario, sus escritos relacionados con la poesía yámbica han llegado de forma fragmentada. Vivió a lo largo de la primera mitad del siglo VII a.C.*

alojado Lucillius cerca de una dama de Lesbos llamada Heliodora[1] que comenzaba rápidamente a perder su juventud, pero como se lavaba y maquillaba continuamente por medio de tales lavamientos parecía joven y se convirtió en Bizancio, que en el presente es llamada Constantinopla, por algún despecho que Lucillius tuvo y como estaba acostumbrado a hablar mal, un día que se celebraban las Saturnales[2] en Bizancio, él y algunos otros inmaduros o enmascarados le presentaron este Epigrama que expongo y que más tarde Agathius Scholasticus[3] nos ha dejado por escrito.

Λδκιλλίδ.
Τὴν κεφαλὴν βάπτις ὁ ὁ γῆρας οὔποτε βάψις,
Οὐδὲ παρράων ῥυτίδας ἀκζνύσις.
Μὴ τοίνην ὁ πρόσωπον ἅπαν ψιμύθῳ κατάπλατζε,
Ὡς τε προσωπῶν, κ' ὀχὶ πρόσωπον ἔχδν.
Οὐδ μ. γὰρ πλέον ὁδ. Τί μαίνεται; ὄυπεζι φύκος,
Καὶ ψίμυθος τεύξει τὴν Εκάβην Ελένην.

Este verso antiguamente fue trasladado al Latín por Gaspar Ursinus Vellius consejero de Viena, en Austria, a quien cuenta que una tarde dirigiéndose a lo largo del Danubio, la tierra se agrietó y se hundió.

Para satisfacer a algunos, a pesar de que él no tocaba nada la materia, nos quiso inferir el Latín y después el francés de nuestra traducción.

Infisis ora dies nunquàm tinctura seniles,
Nunquàm rugosas explicitura genas.
Define jam stibio facien depingere toram,
No larvâ, haud facien quis pucet ese tuan.
El Nilo reliquum. quae es haec Dememia: nam neque fucus,
Nec cerusa Helenê feceric ex Hecuba.

---

1. *En Griego, regalada por el Sol.*
2. *Fiestas celebradas en honor a este Dios.*
3. *Agatías Escolástico, 536-582 a.C. Fue un poeta e historiador griego que escribía en forma de epigramas, en este caso una sextilla.*

Aunque como no somos demasiado ejercitados en la poesía francesa, esto no obstante, lo tradujimos en ocho.

OCTAVA.
En cuanto maquilles tú cara envejecida,
No tendrás ya miedo sólo quitamos las manchas.
Después de que la vejez te asalte:
No es necesario que te pongas ni que manches
A tu cara con ningún maquillaje que sepas:
Que a tu cuerpo pueda dar emblanquecimiento:
Ni por blanco saturnal, ni cerusa, ni mancha
Volverá viejo a ser joven por maquillaje.

Y para no enfadar al lector con demasiado largo prefacio, pondremos fin, lo aclararemos más ampliamente en el poema del segundo libro, en el cual, están contenidas todas las formas de hacer confituras, que todavía no es el momento. Alguien podría ser obtentor, posiblemente le sea muy agradable al popular común y a los plebeyos que voluntariamente tienen curiosidad por saber hacer varias y diversas confituras, y a pesar de que Lucillius que estaba acostumbrado a hablar mal puso estos epigramas en contra de Heliodore, también hablaba de que sabía bien que la ocasión está en el tiempo ya que los tiempos pasan nítidos en ocasiones, porque desde que pasan los primeros años, éstos no regresan nunca. Pero cuando la persona sea vieja y no se vea el pelo blanco porque está teñido y que la cara regresa a su belleza original, no estará tan enfadada. Possidippus[1] cuando describe en una ocasión la obra de Lysippe[2], que era escultor sumo, diciendo que «él no luchaba ni se preocupaba tanto por su persona exteriormente como interiormente». Su intención era la de reprender a las gentes jóvenes en virtud para que sobre guardaran los bienes en la juventud, como por ejemplo los pelos delanteros, puesto que en la vejez ya no hay tiempo de arrepentirse porque la juventud nunca regre-

---

1. Posidippus de Pella. Griego que fue una figura relevante en el panorama literario de la primera mitad del siglo tercero a.C.
2. Lysippe de Sicyone, 395-305 a.C. Fue un escultor griego. En particular, era el retratista exclusivo de Alejandro Magno.

sa. Pero si por medio de doctrina y por artificio ingenioso podemos preservar el cuerpo humano floreciendo edad en vida, no hay que vituperar si mediante medicinas exteriores nos queremos mantener en buen estado, que la persona si se ve así, algunas veces puede vivir más en un lugar destacado gracias a los maquillajes, emblanquecimientos y también por los buenos olores que la persona lleva sobre sí, expulsando lejos el mal alienado y los dolores peligrosos. Y cuando hay algún divorcio causado por impotencia, este mal se disipa y hace que se puedan volver a juntar. Estos remedios para todas las edades los encontrarás por escrito junto a otras aventuras amorosas y por medio de su composición y uso, como más plenamente está contenido dentro del primer libro, al final, los efectos y operaciones saldrán de la semilla de la mente.

Lucretius[1] antiquísimo poeta latino usó tal composición, pero fue mala para su persona por retenerla demasiado, si hubiera hecho el remedio que vuelve a contar Marcille Ficyn[2] sobre la convivencia de Platón en la séptima oración donde relata lo que le pasa a Christophorus Marsupinus al tomar las partes de Alcibiades[3], no le beneficiaria nada, porque él murió al haber abusado de eso. Podríamos decir que puse por escrito la descripción de algunos aceites olorosos que son muy queridos y también sientan bien, y algunas ampollas olorosas compuestas por varias y diversas clases, según los países y las regiones para ayudar a un país o a otro, según la abundancia o carestía de los ingredientes. Sin embargo, amigo lector, si esta pequeña obra o trabajo exiguo no está hecho ni compuesto como te gustaría, sería agradable tan solamente que fueras capaz de cumplir la voluntad de las mujeres, que aunque naturalmente son bellas y agradables a los hombres sin tener nada puesto, si al pasarse agua clara por la boca no están contentas con su belleza natural, si lo estarán al conocer algo nuevo para aumentar su belleza. También como toda mujer que a menudo tiene

---

1. *Titus Lucretius Carus, 96-55 a.C. Poeta y filósofo romano.*
2. *Marsilio Ficino, 1433-1499. Fue un poeta y filósofo italiano.*
3. *Alcibíades Clinias Escambónidas, 450-404 a.C. Prominente estadista, orador y general ateniense con un papel destacado en la segunda fase de la guerra del Peloponeso como consejero estratégico, comandante y político.*

niños decaerá todos los años un cinco por ciento, como hace la *cassia fístule*[1] en el buen tiempo, ella por lo menos deseará naturalmente, si aumentar no puede, mantener su belleza como cuando tenía dieciocho o veinte años. Esto es lo que conseguirá indudablemente hasta la edad de sesenta años usando bien y debidamente la primera composición del sublimado que está en el primer capítulo, porque sí susodicho sublimado se hace como está escrito, indudablemente la cara será preservada largamente con belleza y hará convertirse a Hecuba[2] en Heléine[3].

Tú Dios de San Remy, en Provenza, llamado Sextrophea.
Compuesto en Salon de Craux en Provenza, el primer día de
abril de mil quinientos cincuenta y dos.

---

1. *La caña fístula o casia purgante, es una especie fanerógama perteneciente a la familia de las fabáceas.*
2. *Es la segunda esposa del rey Príamo de Troya, famosa por su fecundidad, según varios autores tuvo muchos hijos, desde diecinueve hasta cincuenta, entre los que se contaban Casandra, Héctor y Paris. Su intervención en la contienda troyana es la de moderadora y matrona ejemplar.*
3. *Helena de Troya, es un personaje de la mitología griega. Hija de Zeus y pretendida por muchos héroes debido a su gran belleza, fue seducida o raptada por Paris, príncipe de Troya, lo que originó una guerra.*

Embellecimiento de la cara y soberano emblanquecimiento de la cara, conservación del cuerpo en su completa capacidad mediante varias Recetas secretas y deseadas, aún no inspiradas.

Para ataviar el sublime.

CAPÍTULO I.

Para ataviar el sublimado, el cual es el más soberano maquillaje y emblanquecimiento de la cara que se pueda hacer en el mundo, que hace la piel tan blanca como nieve sin estropear ni estirar la piel, ni estropear ni corromper los dientes, pero que rinde un esplendor sumo e ingenuo a la cara, que si una mujer está llena de manchas negras o anomalías en cuanto llega a la edad de cincuenta y cinco años, reflejará que la frente y las mejillas parecerán de doce años. Tan soberano es este maquillaje que aunque se acerquen a la cara no sabrán ver ni conocer nada después de poner un emblanquecimiento natural. Si una mujer lo usa durante cuatro o cinco días casi engañará a los suyos, tan soberano es este maquillaje. Y si una mujer lo usa o comienza su uso a la edad de quince, veinte o veinticinco años, conservará la cara con incomparable belleza durante toda su vida, todavía con la edad de sesenta años parecerá tener la edad de veinte años, para el juicio de cada uno durará un largo tiempo y reflejará la cara sana y nítida sin lucirla, dándola un esplendor natural que es agradable y devuelve un color bermejo, como rosa, desde la barbilla a los labios por muy pasados que estén y a ambas mejillas, y si una chica o mujer tiene la cara cadavérica semejante a la muerte, tendrá una cara alegre por melancólica que sea, y si la cara u otra parte del cuerpo está manchada de lentejas —no siendo persona que tenga pelo de buey— la desaparecerán en poco tiempo. Este es el soberano maquillaje con el que varios hombres que se creen muy listos en el conocimiento de la belleza natural de una mujer, estando deseosos pensarán haber tomado a Helcine habiendo tomado a Hecuba, tan grande e increíble belleza ofrece este maquillaje.

Son varias las damas del país de Italia y de España las que solamente dejaron la formula de estos maquillajes a sus hijas como una soberana herencia, no era cuestión de dejarlo por escrito, a fin de que no fuera sellado, ni conocido, pero lo mostraban en secreto para saberlo comprender mejor. Tiene tal virtud y eficacia que devuelve a la cara una belleza semejante al color de plata fina, si la cara era sonrosada la volverá tan excelentemente blanca que ni por efectos naturales lograría algo parecido, si una persona se mancha de alguna especie de roñosería, lucirá perdiendo el maligno y detestable color cambiándolo en blancura, si una cicatriz hecha por fuego o por otra mutilación, igualmente, si es tomada desde joven, en poco tiempo lo hará desaparecer. En cuanto a lo que el divino Hipócrates se ha referido de que los miembros que son mutilados nunca regresan, esto es muy verdadero cuando él dice: *Cuando se corta del cuerpo un hueso o un cartílago, la energía en el cuerpo se incrementa, no se vuelven a unir*[1]. Esto es demasiado evidente: pero esta composición tiene esta virtud singular y tan manifiesta eficacia, y a los juegos de los videntes engaña. La AINATUN visiblemente vemos aparecer a las damas que lo han usado teniéndolo como la más soberana composición que se puede hacer.

Tome el pez de seis onzas del sublimado y lo pone en un mortero de jaspea que esté muy limpio, lo machaca con un palo de madera y lo tritura moliéndolo en un lugar que no sea ventoso durante casi un día entero, después de que vea que está muy suave como harina fina y que cuando al tocarlo entre los dedos no sienta ninguna aspereza, le pondrá saliva joven de una persona que haya estado tres días sin comer cebollas, ni vinagre, ni veneno, y lo mueve incesantemente, luego pondrá plata viva[2] limpia y lo pasará por un paño de lana blanca muy grueso y purgado de plomo. Pondrá el pez de 6 dracmas de estaño, que son el pez de seis escudos sol, el pez de tres granos de plata molida, luego todo lo molerá muy fuerte y continuamente le pone saliva reciente hasta que se vea muy blanco, y al comenzar la plata viva a mezclarse con lo sublime será negra y gris, tirando más al color gris que al negro. No dejará de moverlo hasta que se torne blanca, y ahí se detiene, porque para su perfección no se puede dar el último toque hasta pasado siete días. Es necesario que después de que esté bien agitado siempre con la saliva, que no lo toque con hierro ni cobre, sólo

---

1. *Quum abscinditur incorpore os, cartilago, nervus in corpore augetur, neque coalescit.*
2. *Mercurio.*

con madera, luego lo pone en el mortero y cuando esté bien molido y que la plata viva esté bien extendida, lo pondrá todo después de cenar a secar al sol, porque el sol y el fuerte bateo le dan la blancura que debe tener. Después de que se seque lo vuelve a batir y se detiene. Si no sabe hacer la saliva o el escupitajo a tan alta hora, le pondrá poco a poco agua de nenúfar o de rosas, pero para la verdadera perfección de este maquillaje el escupitajo es necesario que sea en ayunas. Tardará unos días más en perfeccionarlo y en reconocer que está perfectamente blanco y muy sutil, mas hace falta que cada día sea puesto al sol con el mortero y, cuando lo quiera poner al sol, haga que se extienda por todo el mortero y luego lo pone al sol al día siguiente muy por la mañana, con una espátula de madera lo removerá en el fondo del mortero y cuando vea que está ingenuamente blanco, entonces lo disolverá en veinte onzas de agua de fuente, hasta que vea que se ha disuelto. Después lo pondrá en un pequeño *tupin*[1] de tierra bien barnizado y lo hervirá sobre carbones. Cuando comience a hervir, cuídese de que no se derrame y que no hierva por mucho tiempo, usted se quedará diciendo dos padres nuestros y dos Ave Marías y luego lo quitará del fuego y lo dejará enfriarse y reposar por tres o cuatro horas, o para su mejor perfección, hasta el día siguiente por la mañana. Luego cogerá esta agua que es fuerte, maligna, y como verde, la coge o la deja en manos de los cirujanos.

Cuando esté bien liquida el agua, la volverá a poner otra vez y la hará hervir como con había hecho anteriormente, después la quitará del fuego y la dejará reposar, la coge y la vuelve a poner otra vez, esto lo hará seis veces, la última vez que sea con un poco de agua de rosas olorosa y que hierva sólo dos o tres ebulliciones. No hace falta retirarlo, sino que se seque a medias.

Cuando quiera usarlo, tomará el grosor de un pez o de media haba y lo pondrá unas horas en una pequeña piedra de mármol ancha junto a alguna otra pequeña pieza del tamaño y redondez de la mesa de un barbero, y sobre susodicho mármol, ponga muchos brezos con un poco de agua de rosas que aguantará en la garganta el máximo tiempo posible, luego mojará un pequeño trapo

---

1. *Puede referirse a algún tipo de recipiente.*

blanco fino muy suave y, cuando la cara esté bien limpia, por la mañana pasará el trapo blanco por toda la cara y verá una belleza y una blancura incomparable. Si la cara está demasiado blanca tomará una raíz de orcaneta con una gota de aceite de nuez moscada y la frotará sobre la palma de la mano, después, con la raíz en los labios frotará la mejilla y el final de la barbilla. La fórmula del aceite de nuez moscada la encontrará en su capítulo. Y señalar que noblemente está preparada para susodicha gloria y a fin de que la cara tenga tal belleza que no sea sólo para mirarla. El maquillaje será duradero por largo tiempo y convertirá en dos días una cara negra o morena, en blanca como papel fino. Tomará el pez de tres onzas de cerusa de Venecia, se lo dará a un pintor que lo muela fuerte sobre su mármol con agua de rosas y, cuando esté bien molido, lo empapará con una libra y media de agua de rosas o un poco de agua de buen olor y lo pondrá en un gran barreño de tierra calentándolo un poco. Con esto se hará lavar por otro la cara durante una media hora, como lavamos la cara en la casa de un barbero, y cuando sea lavada toda la cara o la parte de cuerpo que queráis, entonces, sacará una esponja muy limpia y lavará la cara con otra agua, y cuando haya hecho el lavamiento de la cerusa durante tres días completos, entonces usará el sublimado cada mañana al levantaros y en usted lucirá.

Tenga cuidado al untárselo porque cuando está seco es suficiente poner cada vez el grosor de un pez, y para guardarle de que la cara, ni los dientes, sufran mal a la larga, hágalo pasar por la boca siempre empapado con el agua olorosa descrita aquí abajo.

Una forma para preparar bien y ataviar el sublimado para la ilustración de la cara, no menor que la primera.

CAPÍTULO. II.

Esta manera de preparar el sublimado proporciona a la cara no menos resplandor y belleza que la primera, más bien le da el último toque y es más soberano para emblanquecer la piel de una persona de treinta y cinco o cuarenta años y, no obstante, dura más.

Usó de esto Lays Corintia[1], que fue la belleza suprema de Tesalia. Cuando se tiene ésto en la cara durante medio cuarto de hora aparecerá una cara semi-Angelical y será tan excelentemente blanca, que los que saben poner una cara maquillada no conocen nada parecido, todo es sutil e ingenioso y de una belleza perfecta. Cuando lo haya probado tres o cuatro veces le dará muchas más alabanza que yo y no sabrá ponerlo ni por escrito. Es más fácil de hacer que el primero, el cual merece una alabanza casi inmortal a causa de su efecto y de su excelencia. Si una mujer ha usado los dos no rechazaría éste, pero no tendrá en el mundo tanta veneración como con el primero.

Resulta de la composición.

Tome cuatro limones pequeños y pártalos en cuatro partes, ponga el pez de un escudo de plata viva a cada pieza, luego, destílelo por un alambique de vidrio y si no conoce lo cómodo que resulta tener un alambique de vidrio, ponga todo picado menudo con un cuchillo de madera en un frasco de vidrio y llénelo hasta el medio, luego ponga el frasco en otro alambique que esté sepultado hasta el medio con cenizas pasadas por un saco, procurando que no se rompa, luego lo pone a buen fuego y recibirá el agua que destilará en el otro frasco. La guardará a parte y tomará del sublime lo que es bueno, que está compuesto de poca sal, el pez de cuatro onzas de plata viva o bueno y nítido pez de un escudo, muela susodicho sublimado y la plata viva en un mortero de mármol, con un pilón y paleta de madera, y lo molerá fuerte en el mortero hasta que esté muy suave, tomará susodicha agua y untará poco a poco el sublimado durante casi un día hasta que esté perfectamente blanco. Lo podrá volver a poner algún día al sol para favorecer su a blancura y, cuando esté bien blanco, lo disolverá en agua de fuente dándole cuatro ebulliciones en un bote de tierra nueva barnizado, luego lo dejará enfriarse tres o cuatro horas y después quitará el agua y le volverá a poner otra hirviéndola como la primera vez, la dejará enfriarse, esto lo repetirá cua-

---

[1]. *Lais de Corinto vivió durante la época de la Guerra del Peloponeso y se decía que era la mujer más bella de su tiempo. Entre sus numerosos amantes estuvo el filósofo Arístipo y el campeón olímpico Eubotas de Cirene. A edad avanzada cayó en el alcoholismo y murió en Corinto.*

tro veces. La última vez tomará media libra de cerusa de Venecia y la mezclará con seis claras de huevos envolviéndolo en tres pequeñas piezas de trapos bien blancos que sean raros como de estameña[1]. Luego lo lía y lo hierve en algún vaso de tierra muy nuevo y mientras está hirviendo habrá espuma. Use una pluma blanca como cuchara o una cuchara de plata para quitarla y métala en el frasco de la primera agua del limón, hierva el sublimado procurando que no le falte el agua y mezcle todo. Cuando quiera ponérselo en la cara removerá mucho el frasco y con un pequeño trapo se lavará la cara por la mañana antes de salir fuera de casa.

Aquellos que tienen la cara roja o sonrosada en pocos días tendrán perfecta blancura natural en ella, desechando la mala sangre y sutilizando la piel muy perfectamente. Durará ocho días completos en el mismo estado sin estropear ni herir ninguna parte del cuerpo, y conservará la cara con una perfecta unión. Cuando sepa hacerlo, buscando por todo el mundo no encontrará maquillaje comparable a éste. Con su cuidado el cuerpo humano se conserva con belleza inmutable. A su hora comenzará, así como lo verá puesto por escrito en otro lugar. Esta clase de sublimado es estimado más soberanamente y se acaba en tiempo más breve.

Para hacer una pomada de soberano olor, bondad y excelencia, que los que anteriormente la habían usado para su decoración, ni sabían que podían hacerla. Esto es para un supremo licor.
CAPÚTULO. III.

Tome grasa de puerco muy fresca del mismo día o del siguiente en el que el puerco ha sido matado, ponga en un gran barreño muy limpio cuatro libras, más o menos, de agua de rosas y con las manos muy limpias las exprime mucho, las bate y mezcla durante una hora, después tomará doce manzanas del mejor olor que se puedan encontrar y las picará la corteza en pequeñas piezas, tomará también dos o tres membrillos bien maduros y picará también sutilmente la corteza de cuatro naranjas y dos limones y medio, si es posible encontrarlos allí. Todo picado menudo lo pondrá

---

1. *Stamine. Del latín. texta staminea, tejidos de estambre. Tela de lana, sencilla y ordinaria, que se usa principalmente para hacer hábitos. Del italiano: pájaro cantor verderón. Del inglés: energía, brío, fibra, fuerza vital, vigor, vigorosidad; resistencia, aguante.*

en un mortero de mármol batiéndolo todo junto, cuando esté muy batido y bien mezclado, pondrá de *hyris Florentiae* pulverizada 3.x, de clavos muy machacados 3.ij, de *storacis calamitici* 3.ij.f, de *calami aromatici* 3.j, y todo lo bate fuerte añadiéndole agua de rosas fina y limpia. Luego pondrá todo en una olla de tierra bien barnizada y lo disolverá sobre carbones con poco fuego cubriéndolo con un plato de tierra, y sobre todo guardará que no rime, porque por poco que él fuego rime, le aminoraría mucho su olor, será necesario que lo mueva a menudo con una espátula de madera hasta que usted vea que está bien fundido. Pruébelo siempre poniendo alguna gota en la mano, después lo sentirá por la perfección de su olor. No hace falta que se cueza y cuando quiera retirarlo del fuego pondrá más o menos el pez de E.j. de almizcle, si quiere que sea de total perfección, sobre todo, a esta cantidad añada un dracma, que es el pez de un escudo, 3.j.f de ámbar gris, a estos dos los pulveriza juntos y los empapa con agua de rosas, los pondrá en la olla haciéndolo hervir todavía un poco, luego lo colará a través de un trapo blanco muy limpio y muy firmemente pondrá a cada uno, tres o cuatro onzas, dentro de pequeños vasos de vidrio o en una gran vasija. Si quiere que todo sea rojo de golpe tome dos o tres raíces de anchusa o orcaneta y hiérvalo un poco hasta que se quede blanco y sea rojo como fina escarlata.

Esto será limpio para las damas que tienen color pálido y si quiere que el almizcle y el ámbar no queden como residuo, le servirá para hacer un jabón sumo y amigable para suavizar las manos ásperas, no comprenderá la fragancia soberana que tendrá frotándose las manos a menudo. Si quiere acabar una pomada que tiene totalmente exquisita perfección como jamás hubo otra, cuando venga el tiempo donde las rosas florecen, tomará trescientas o cuatrocientas rosas blancas, más o menos, y las machacará fuerte todas juntas en un mortero de mármol con la pomada, cuando todo esté bien prensado, lo dejará un día o dos, al final de los cuales, cogerá de nuevo lo mismo de rosas blancas y lo machacará fuerte, cuando todo esté bien prensado lo pondrá en una vasija de estaño muy limpia que cierre bien y cuando la tapadera esté bien sellada con levadura, ponga un caldero lleno de agua a hervir y meta la vasija de estaño en medio del caldero para que por medio del calor del agua la vasija hierva sin respiración. Cuando haya hervido bien durante dos o tres horas, mejor más que menos, entonces quitará la vasija del caldero y lo abrirá, lo colará con un trapo limpio y lo pondrá en una vasija de vidrio. Podrá afirmar que es la pomada más soberana que hay en el mundo, sin aroma igual y de virtud incomparable. Pero todavía tiene una virtud oculta que viene para manifestarse a los que tienen el poder de usar a Venus a su voluntad, tiene mucha virtud y eficacia para deleitar a ambos sexos hasta confortar y calentar la matriz y adaptarla en proporción tan justa, que mediante una vez o dos infaliblemente ella concebirá adosando sólo dos o tres gotas de un aceite del cual daremos después la descripción. Se usará todas las veces pretendiendo no ofender el oído de las vírgenes Vestales y otras que láctea Montería rechazan, pero es requerido manifestar el largo tiempo que ha sido ocultado.

Al hombre con debilidad de engendrar o media impotencia le es necesario tomar un poco de esta pomada. Adosando tres o cuatro gotas de aceite perfecto de benjuí, los mezclará todo y untará la parte vergonzosa del hombre, luego al acoplarse con la mujer esto dará un deleite singular a ambas partes y preparará la matriz mediante purgación antes de concebir. También si tiene en la cara o en otra parte del cuerpo manchas, apagamiento o descamación, adose un poco del segundo sublimado la primera vez, no se guarde de dársela que la descamación se irá sin herir, ni ofender a la persona.

Tiene también otras varias propiedades para decorar la cara y volverla sana, limpia y perfecta, pero no se usa continuamente porque volvería más bien la cara morena que blanca a causa de la grasa. Aunque en realidad no hablo nada de que sea graso el maquillaje o que no sea conveniente para dar belleza a la cara, bien es verdad que la mantiene largamente sana y limpia igual que el invierno. La mujer que lo quiera usar para la conservación de la cara si está vieja o arrugada, parecerá joven, si ella es joven, conservará su belleza y su tinte con un esplendor natural. Igualmente cuando una mujer se baña y a la salida del baño o de la sauna toma un poco de pomada o antes que se meta en la cama, rezumándose y untando la cara con la pomada se vera como Hecuba[1] o Políxena[2].

De la manera que está hecha no se vuelve rancia jamás por vieja que sea, sin embargo, son varios los que falsificaban con cebolleta tal pomada, o los que podrían imitar dos dracmas de pomada de esta descripción con almizcle y ámbar gris por cada medio escrúpulo, pero estaría mal hecha, no obstante, la pomada imitada quiero decir que no es mala.

La grasa verdadera para hacer el aceite de benjuí, que es la más soberana fragancia que se pueda hacer y el fundamento de los buenos olores después del bálsamo natural y el aceite de ámbar. Ésta composición tiene lo principal en suavidad de fragancias, era nombrada *ciriacus*, que vera como malva y no como zumaca, pero esto era lo que tanto tiempo tenían escondido. No se puede hacer aceite que sea equiparable a esta composición quitando el ámbar gris.

CAPITULO. IIII.

Tome el pez de una libra y media, más o menos, de benjuí poniéndolo en polvo a lo bruto sin sofisticaciones, luego lo mete en una cornue[3] y que susodicha cornue esté en una olla de tierra sepultada con cenizas hasta el cuello o con arena muy fina y filtrada, acople la olla bajo un horno y cuando la cornue esté bien con las cenizas o arena acoplada, pondrá el recipiente o el matraz[4] enterrado hasta el cuello de la cornue y lo sellará muy bien con arcilla disuelta en claras de huevo para que el aroma no respire, porque si respira poco o no lo bastante, el olor será tan violento que le parecería a varios más bien malo que bueno, también a una persona que tosa fácilmente le haría gran perjuicio a causa de su violencia. Cuando esté bien sellada lo pondrá al comienzo a fuego lento, luego lo avivará lo más fuerte que pueda con pequeñas pie-

---

1. *Esposa de Príamo, rey de Troya, madre de Héctor y Paris.*
2. *La más joven y bella de las hijas de Príamo y Hécuba, soberanos de Troya. Su leyenda se compone de innumerables variantes, siempre relacionadas con el héroe Aquiles. En una versión, Aquiles habría ofrecido a los troyanos cambiar de bando, si le concedían la mano de Políxena.*
3. *Recipiente de cuello estrecho, largo y curvado usado para la destilación.*
4. *Recipiente esférico de vidrio, de cuello largo y terminado en un tubo largo y estrecho, que se usa en los laboratorios químicos.*

zas de madera sin cesar, rápidamente verá salir una primera agua de color amarilla en pequeña cantidad de poco valor y después verá que se levanta un vapor semejante a la nieve que subirá arriba y sublimará el cuello de la cornue, entonces aumentará el fuego y cuando toda la nieve esté en el cuello de la cornue y le parezca que debe estopar el conducto, la violencia de ese vapor mediante el fuego crecerá tan fuerte que caerá en el matraz o el recipiente y parecerá propiamente que sea una candela de sebo, después de eso, tendrá fuego todavía de más y destilará un aceite que será negro de olor violento, no parare el fuego, hasta que vea que destila más. Luego lo dejará enfriarse y quitará el matraz, primero tomará la nieve que es como una candela, porque es la verdadera perfección del aceite, porque los que venden el aceite de benjuí rojo lo hacen así como resulta compuesto, no siendo cuestión simple. Para hacer susodicho aceite que es el fundamento de todos los buenos licores hace falta tomar el pez de dos dracmas de susodicha nieve, cuatro onzas de aceite hecho de almendras dulces recientemente arrancadas y fundirlo todo en una escudilla encima de las cenizas calientes moviéndolo siempre con una paleta, hasta que susodicha nieve esté bien fundida. Para darle un poco de color rojo, cuando se funda, pondrá una pequeña raíz de orcaneta y ahí estará hecho vuestro aceite de benjuí.

Y si usted vibra por alguna dama o señor, le administrará un soberano licor de olor incomparable, hará fundir un dracma de ámbar gris sobre estas cuatro onzas, y entonces, resultará un aceite que posiblemente en el mundo no se pueda hacer mejor ni más soberano. Quedará ahora de esto el aceite negro que está en el fondo del matraz, este aceite, es un licor de olor muy violento que con estoraque líquido se convierte en una soberana fragancia para hacer manzanas de olor.

Otro modo para hacer aceite de benjuí.
CAPITULO. V.
Tome una libra de dieciséis onzas del benjuí y póngalo en polvo bien sutilmente, mientras lo pone eche *storacis liquidae* para hacer el siguiente paso, después, cuando esté bien mezclado, lo pone en un alambique de vidrio con la tapa de cristal acoplando el alambique como ha hecho con la cornue, ahora ponga el alambique

totalmente de lado, o bien lo cierra, cuando pase un tiempo en cima de la tapa haga un agujero del grosor de un dedo y ponga un cristal de fuego bien sellado, a fin de que el olor no se valla, bajará el fuego, el horno o el alambique y cerrará el fuerte fuego. Si sitúa vuestro alambique de lado, no goteará la tapa, esto se hace sólo para recibir mejor la nieve a la que varios llaman maná o *ros cyriacus*. Cuando lo haya puesto al fuego recibirá susodicha nieve, cuando vea que la nieve no sube más pondrá todavía el fuego más fuerte, pero no tan violento como al principio, mientras, verá destilarse el aceite, el cual, será más suave que el primero y según el cambio del color del aceite cambiará la receta. Este último aceite es un bálsamo muy excelente. Para cumplir la función del aceite tomará el pez de un escudo y medio de susodicha nieve, cuatro onzas de aceite de almendras dulces recientemente extraído y un trozo muy pequeño de orcaneta. Todo junto lo fundirá sobre las cenizas calientes y así hará otra clase de aceite de suave olor, no con menos excelencia que bondad. El aceite negro lo podrá mezclar con otro aceite para mitigar su violencia y lo mantendrá destapado a fin de que su olor demasiado fuerte y vehemente desaparezca y adquiera una suavidad amigable.

Para hacer un aceite de nuez moscada con toda su perfección y con todas las virtudes de la nuez que aliviará al ponerlo sobre el estómago, cualquier flujo de vientre, náuseas o cualquier dolor de tripa.

CAPITULO. VI.

Tome media libra de nuez moscada y macháquela a lo bruto, luego hiérvalo en una paellera con una libra de agua de fuente, después de que haya hervido tres o cuatro ebulliciones lo quitará del fuego y lo pondrá todo en un pequeño saquito de tela nueva, lo liará estrechamente y lo meterá en un lagar[1] bien cerrado poniendo debajo un plato para recibir lo que cuele. Verá el aceite flotando sobre el agua coagulado así como cera amarilla de una soberana fragancia. Cuando se guarda durante un año el color amarillo pasará a ser un poco moreno y su olor siempre aumen-

---

1. Recipiente donde se pisa la uva, se prensa la aceituna o se machaca la manzana, para obtener el mosto, el aceite o la sidra.

tará. Sobre la media libra de esta cera todavía hay que echar como una onza de aceite. Señalar que a causa de que la nuez muguete da tan poco aceite, lo haremos de otro modo, pero este modo es el verdadero y el natural. Ha sido aprobado por tener todos los efectos del bálsamo artificial.

Otra manera para hacer susodicho aceite pero sofisticadamente, con tanta o más virtud y eficacia que la primera.
CAPITULO. VII.

Tome doce onzas de nuez moscada machacada, el pez de cuatro onzas de la grasa de un puerco muerto el mismo día, lo amasará todo a lo bruto ensamblándolo y después lo hervirá todo en la paellera cinco o seis ebulliciones, mejor más que menos. Luego colará todo por un pequeño saquito de tela nueva y lo prensará en un lagar estrecho recibiendo, así, un buen licor de olor maravilloso. Es muy verdadero que este aceite al guardarlo largamente, como tres o cuatro años, olerá un poco a rancio a causa del deterioro, en cambio, el otro aceite contra más viejo será mucho mejor y más confortará la debilidad y el dolor de estómago, sin incluir la vehemente fragancia que tiene haciéndolo más apropiado para que a la persona le guste comerlo nuevamente. Esta composición no es apta para virtud medicamental a pesar de que ambas son dignas de una alabanza que no se debe despreciar.

Para hacer la principal materia de un polvo con fragancia perfecta, bondad, excelencia, y de un olor extraño, que rinde una suavidad agradable y de larga duración. Mas no se puede hacer más de una vez al año.
CAPITULO. VIII.

Tome una onza de una rama de madera de ciprés lo más verde que usted pueda encontrar, de *iris de Florencia* seis onzas, 3.iij de *clavos*, 3.iij de *cálamo aromático*, 3.vj de *madera de aloe*, hágalo todo polvo sin que sude y luego tome trescientas o cuatrocientas rosas rojas encarnadas que estén bien peladas, frescas y todas recogidas antes del rocío. Las machaca fuerte en un mortero de mármol con un palo de madera, cuando los rosas estén medio machacadas pondrá dentro el polvo y lo volverá a machacar mucho, le rociará un poco con jugo de rosas y, cuando esté todo bien mezclado, hará pequeños fardos planos al modo de trueque dejándolos secar a la sombra, porque son de buen olor.

Señalo que de esta composición se hace después el jabón moscatel con polvo de ciprés, polvo de violeta, manzana de olor, joven ciprés, así como perfumes y aguas aromatizadas. Para aportar a la composición más excelencia pondrá almizcle y ámbar gris según podáis o queráis, que ambos se unan. Yo no dudo en absoluto que usted sacará un olor muy soberano y agradable. Dicho almizcle y ámbar gris pulverizado lo disolverá con jugo de rosas y luego lo mezclará y lo secará a la sombra.

Por ello pongo la bondad y el olor que esta composición rinde a las cosas y composiciones susodichas, tanto que, si llevas a la boca muy poco, la dará cada día una maravillosa fragancia, o si la boca es fétida, si los dientes están corrompidos por los malos vapores salientes del estómago, o porque haya alguna úlcera putrefacta en su persona, o bien algún otro caso extraño que le fuerza a huir de la compañía de las personas, con tener un poco en la boca sin removerlo le dará un olor tan bueno que no se sabrá decir de donde proviene. En el tiempo de peste llévelo en la boca a menudo porque no se puede encontrar olor que repela mejor el malo y pestífero aire.

Es verdad que el año 1546 yo levanté difuntos y corruptos en la ciudad de Aix en Provenza, donde por el senado y el pueblo fui elegido para la conservación de la ciudad.

Allí la peste era tan grande y tan espantosa, que comenzó a últimos de mayo y duró nueve meses enteros. Moría sin comparación la gente del pueblo a cualquier edad carcomidos y chillando, los cementerios estaban tan repletos de cuerpos muertos que no conocían más lugares consagrados para enterrarlos. La mayoría caían en frenesí al segundo día y, si aquel frenesí les llegaba, las manchas no aparecían finalmente.

A los que les aparecían las manchas morían súbitamente hablando sin tener ninguna alteración en la boca, pero después de la muerte todas las personas se llenaban de manchas negras, los que morían con frenesí orinaban suave como vino blanco y después de esto la mitad del cuerpo era del color del cielo, repleto de sangre violeta.

El contagio era tan violento y maligno, que solamente si te acercabas cinco pasos cerca de un pestífero seguro que lo sustituías. Varios tenían carbones delante y detrás e igualmente por todas las piernas, a los que estaban detrás de la persona infectada les podía aparecer alguna carcomida y la mayor parte de ellos escapaba, pero no escapaba ni uno de todos los que estaban delante.

Podía oler bien que a los que les apareciera detrás de las orejas y tuvieran fiebre al principio, vivirían hasta seis días. Pero yo no estaba atónito de que ellos murieran más bien al sexto que al séptimo día, si no a causa de la tiranía de la enfermedad y que al comienzo y a la mitad de su avance no escapaba ni uno.

Ni las sangradas, las medicinas cordiales y catárticas, ni otras tenían tampoco nada de eficacia, *la triaca de Andromachus*[1] compuesta justamente para ellos, en realidad no había en el lugar. El furor de la enfermedad fue tan enorme que no escapaba ni uno. Cuando yo había visitado toda la ciudad y eché fuera a los pestíferos, al día siguiente tenía allí más que en antes, no encontraba medicina en el mundo que fuera más preservativa de peste que esta composición, a todos los que se repartía un trozo y lo tenían en la boca eran preservados, finalmente encontramos por una experiencia manifiesta que esto preservó al mundo del contagio.

El hecho no pertenece a la materia de la que hablamos, pero, fue tanto que, no debe ser extraño que cuente el socorro que nos dio en tiempos pestilentes porque la peste que hubo entonces era tan maligna, que era espantoso, varios afirmaban que era castigo divino porque todos los que se encontraban al rededor de una legua no tenían buena salud, toda la ciudad estaba tan infectada, que solamente con la sola mirada del que estaba contaminado daba súbitamente infección al otro, las viudas eran allí abundan-

---

1. *En la página 52 del original, Nostradamus escribe tyriaque de Andromachus, vocablo que puede referirse en realidad a la triaca o teriaca que era un preparado polifármaco compuesto por varios ingredientes distintos de origen vegetal, mineral o animal. Se usó originalmente como antídoto contra venenos y, posteriormente, como medicamento contra numerosas enfermedades. En el siglo I Andrómaco, médico del emperador romano Nerón, mejoró la fórmula del mithridatium, ampliando el número de sus ingredientes e incluyendo la carne de víbora. La composición pasó a denominarse la triaca de Andrómaco o triaca magna, quedando recogido en un poema compuesto por el propio Andrómaco.*

tes y casi toda la clase baja estaba contagiada, pero la muerte era tan repentina y desenfrenada, que el padre no tenía cuenta de su niño: siendo varios los que han abandonado a sus mujeres y niños cuando conocieron que estaban infectados de la peste. Varios muertos de peste por frenesí hay en los pozos, otros están en sus ventanas bajo sus pavimentos, otros tenían carbón detrás del hombro y delante de las mamas, les caía sangre de la nariz violentamente durante noche y día. ¡Como morían!, las mujeres en cinta abortaban y al cabo de cuatro días fallecían, el niño moría súbitamente manchado por todo el cuerpo con un color morado, como si la sangre estuviese esparcida por todo el cuerpo. Resumiendo lo hablado, la desolación era tan grande, que algunos con el oro y la plata en la mano muchas veces morían por falta de un vaso de agua, y si yo mandaba alguna medicina para los que estaban febriles, la traían y era administrada puramente mientras varios morían con el pedazo en la boca. Entre las cosas más admirables que creo haber visto, destacaré cuando vi a una mujer que mientras que yo la veía y llamándola por la ventana me respondía y devolvía la respuesta a lo que yo la decía, cuando fui a sacarla por la ventana vi que ella misma, totalmente sola, se cosía la mortaja sobre su persona comenzando por los pies, viniéndome las palabreas que decimos en nuestra lengua Provenzal, *que se lleven y amortajen a los pestíferos*. Entré en la casa de esta mujer y la encontré muerta y tendida en medio de la casa con sudores y medio cosida, ésto sucedió en tres o cuatro partes de la ciudad y una vez yo mismo lo he visto. De buena gana le contaría mucho más de todo lo que hizo la pestilencia que vino a dicha ciudad, pero esto haría volver a nuestro trabajo confuso y le quiero escribir una composición de un polvo de violeta de buen olor, si la hace como le pongo por escrito, la encontrará muy agradable, porque nuestra composición de rosas la vuelve muy suave.

Para hacer polvo de violeta.
CAPITULO. IX.

Fórmula: *Iris de Florencia* lib.j. *Cálamo aromático* 3.ij. *Rosarum* 3.iiij. *Cilantro crudo* 3.ij. *Madera de aloe* 3.j. *Sansucci* 3.j. *Pequeñas naranjas secas* 3.j. Semillas de *Storacis calamitae* 3.x. *Ládano* J.vj. *Trozos de rosas* 3.ij. *Lavándula* E-iiij. *Gariofilorum*

3.ij. *Foliorum lauri* 3. Semillas de *Ciperi* 3.ij. Todo lo mezclará bien pulverizado hasta que sea polvo sutil, luego pondrá almizcle y ámbar gris, de cada uno medio dracma, y podrá decir que hará un polvo de un olor amistoso pero lo ha de hacer como lo escribo, y si le parece después de que haya hecho el polvo que su olor es demasiado fuerte o violento, podrá aumentar el *iris de Florencia*, lo que bien le parezca.

Para hacer una pasta que mantendrá buen olor durante largo tiempo, muy limpia y decente para purificar las manzanas de olor o para hacer padres nuestros. Parecerá que en todas las mezclas olorosas ha introducido rosas que suele ser la cosa que al comienzo le da el buen olor, pero también a causa de su sustancia sutil y rara se partirá fácilmente. Mediante esta composición una manzana de olor o los padres nuestros guardarán la fragancia largamente y la suavidad de su olor, pero no se puede hacer nada más que una vez al año.

CAPITULO. X.

Tome rosas rojas encarnadas de las que usted quiera pero limpias y peladas, unas quinientas a seiscientas, mejor más que menos y hierva agua suficientemente para cocerlos, cuando el agua esté muy hirviente pondrá los rosas dentro y las dará cinco o seis ebulliciones, luego las pondrá en una vasija nueva de tierra y las aireará durante veinticuatro horas, al día siguiente las humedecerá y las presionará fuerte en un lagar, lo más fuerte que usted pueda, tanto que toda la sustancia salga quedando los rosas muy secas, luego tomará esta agua y la pondrá en un paellera y la hará hervir a fuego lento hasta el fin, y al comenzar a asarse a causa de que la humedad se consume y hacia el final, cuando vea que le falta poco la remueve con un palo y cuando vea que es espesa como miel cocida, la pondrá en una escudilla[1] de tierra barnizada y la mantendrá al sol durante unos días. Esta composición simple tendrá una fragancia suave que durará largamente. Para bendecir las manzanas de olor hará mejor pasta que luego irá con la pastilla de dragón en una infusión con agua de rosas.

---

1. Recipiente semejante a un cuenco o una taza pequeña sin asas, usado para servir la sopa o caldos calientes.

Otra anotación para componer manzanas de olor.
CAPITULO. XI.

Porque son varios los que han hecho y compuesto manzanas de olor basándose en la fantasía de uno y de otro, yo digo aquí, que hay que imitar al soberano pintor Zeuxis Heracleotes[1], que después de que hubiera tenido e imaginado en su cerebro la belleza de varias jóvenes vírgenes, tomaba de una la nariz, de otra la boca, de otra las mejillas y de las otras lo que bien le parecía, y después de que lo había redactado bien en su cerebro hacía una de todas ellas que sobrepasaba a Heleine en belleza, llevando su nombre, y quien quisiera verlo pagaba una pieza de plata. De igual forma los que quieren hacer una buena manzana de olor tienen que tomar de las drogas con más suaves fragancias para hacer una masa que sea agradable y largamente duradera, porque de otro modo sería un cuerpo sin alma. No puede meter drogas que tengan el olor demasiado fuerte y penetrante porque sería rechazado y haría condolerse a la cabeza y estremecerse a la matriz de las mujeres. Pero esta composición que resulta es muy amistosa, de un olor muy duradero y con poco almizcle tendrá una suavidad excelente.

Fórmula: *Ladani purissimi* 3ij. *Storacis calamitici, Assae odonferae*, que nosotros apelamos benjuí Añ.3.j. Trozos de rosas 3.s. Polvo de violeta 3.j. de Ámbar y almizcle medio dracma, luego todo lo pulverizará y lo juntará con susodicha mezcla de rosas, lo amasará fuerte por espacio de una hora y hará la manzana de olor más soberana y más duradera que se pueda hacerle en el mundo.

Los que dicen saber el modo de hacerlo la enrollan ampliamente, y por eso, había varios que se les ponía como una sandalia blanca o citrinia y así no vale. También echaban otras drogas inútiles que olían más a drogas medicinales o comestibles que a buen olor, pero es bueno perdonar al que se equivoca, al que pone por escrito lo que no sabe y no tiene experiencia, porque puso cosas que no tienen —en materia de decoración— ni rima, ni razón, pero también avisa que el láudano es bueno que no sea sofisticado

---

[1]. *Fue un pintor griego del siglo V antes de nuestra era. Se sabe que era natural de Heraclea, al sur de Italia. Pasó la mayor parte de su vida en Atenas, donde fue uno de los pintores más estimados de su tiempo.*

y que sea del que cuenta Herodoto en su musa Talía, que dice en el tercer libro que lo cogió en Arabia feliz de la barba de los machos cabríos. Yo mismos hacía tres años que lo buscaba por toda la ciudad de Gennes para llevarme media libra, que a diferencia de cogerlo de la barba como en el país de Arabia, aquí lo cogen del vientre de las cabras y ovejas, como en Provenza, que hacen la recolección de la *œssopus humida*, y por eso, es bueno que el láudano no se adultere. Haciendo estas manzanas aparte del buen olor que les darán en tiempo pestilente o donde corra algún mal peligroso, llevándola sobre sí, le preservará ampliamente del mal aire y resignará a la persona, confortará el corazón y el cerebro, levantará desmayos y restaurará al corazón de sus desfallecimientos. Su olor es tan exquisito que entre más se la aproxime a la nariz mucho más agradable le será el olor. A la persona que caiga en mal epiléptico la confortará el cerebro con tan buena preservación que, si él caía una vez al mes, caerá sólo una vez cada tres meses.

Para hacer otras manzanas de olor no peores que las primeras.
CAPITULO. XII.

Fórmula: *ladani purissimi* 3.iiij. *Storacis calamitae* 3.ij. *Benjuí* 3.j. *Roris cyriaci*, que es el maná o rosa que sube cuando se destila el aceite de benjuí 3.ij, *iris Florenciae* 3.iij. *Gariosili* 3j.s. *Calami aromatici, Sansucci*. Añ.3.iij. trozos de rosas de nuestra descripción 3.j. Todo lo pulveriza y con una *pastilla de dragón* hará una infusión de agua de rosas. Lo que permanece en el fondo del saco de las rosas, junto a 3.ij de *Ámbar* y 3 semillas de *Almizcle* lo amasará fuerte con jalea y lo calentará un poco, adosando allí el estoraque líquido y hará manzanas del grosor que bien le parezca. Y señalar, que el frasco de cristal donde está el jugo de las rosas es óptimo para meter las manzanas de olor y que puedes usar de esta pasta para hacer los padres nuestros con las medidas.

Polvo para limpiar y emblanquecer los dientes y volver el aliento dulce y sedoso. En pocos días limpiará los dientes haciéndolos blancos como marfil, por negros y rojizos que sean.
CAPITULO. XIII.

Fórmula: *christalli, lapidis silicis, marmoris albi*, vitri, salis gemmae usti Añ. 3. iij. *Ossis sepiae, conchillae marinae combustae* Añ.3.ij. *Margaritarum quinque fragmentorum* Añ.3.f. *Lapidis flu-*

viatilis candidi, que son pequeñas piedras blancas. 3.ij. *ámbar* 3.j. *almizcle* g.xxij. Mézclelo mucho sobre el mármol del pintor hasta que esté del todo pulverizado y muy sutil. Esto se lo frotará en los dientes a menudo, tomando un poco de miel rosada se frotará ligeramente uno o varios dientes que estén descarnados y en pocos días verá la carne crecer y los dientes emblanquecer.

Otro modo más excelente para limpiar los dientes igualmente cuando están muy podridos y corrompidos. Porque sí la oxidación permanece mucho es imposible que los dientes se emblanquezcan, pero con esto, verá una rápida eficacia.

CAPITULO. XIIII.

Tome arcilla de color celeste de la que cuando las cucharas están cocidas son blancas, tomará la cantidad que quiera, la amasará mucho tiempo, sobre todo que esté muy limpia y purgada de granos. Cuando la haya hecho pasta hará pequeñas piezas largas redondas en el modo y la forma que ve y las secara al sol. Cuando estén muy secas las cocerá al horno o las meterá en las vasijas de tierra donde las cucharas. Para cocerlas mejor las pondrá en una platina de hierro o sobre una teja o ladrillo y lo pondrá en el fuego del mariscal. Las soplará medio cuarto de hora y se cocerán perfectamente como si hubieran permanecido tres días al horno, después cuando estén cocidas con el agua que resulta, las mojará, y la tierra cocida recientemente chupará el agua que tomará y guardará su olor intrínsecamente.

Cuando quiera limpiarse los dientes esto le evitará la burla, la podredumbre y la hediondez, otorgándole un buen olor a toda la boca durante el día y, continuando, los volverá blancos como marfil por negros que sean. Será tan blanco como la clara de huevo —después tendrá para muchas veces su agua de olor— y podrá poner una lámina de oro para decorarlos mejor.

Para hacer el agua de olor para rociar nuestras formas o pequeñas fórmulas que son como supositorios.

CAPITULO. XV.

Tome cuatro onzas de *Iris de Florencia*, de *rosas secas encarnadas* una onza, de *clavos* una onza, de *ciperi* seis dracmas, de *canela* un dracma, de *calami aromatici* media onza, de *lavanda* un dracma, de *mejorana seca* tres dracmas, de *corteza de naranja* dos dracmas, de *estoraque* una onza, de *ámbar gris* un dracma, de *almizcle* medio dracma. Todo lo pulverizará bien y lo pondrá en un frasco de vidrio con buena agua de rosas y agua de naftalina, la cual se hace de flores de naranjas y limones, todos los olores de los cítricos mezclados, pero de naranja más, por cada dos una libra de dieciséis onzas. Lo dejará dentro durante cuatro días y luego lo tomará en un vaso lleno hasta el medio, pero cuando lo ponga en el vaso lo mezclará fuerte agitando el frasco y luego cuando ponga en el vaso lo que bien le parezca, lo remojará en su fórmula durante una hora, más o menos, así como le parezca. Cuando se remoje que el vaso esté bien cubierto, que no queme.

Después de que estén bien mezclados los dorará todos o la mitad y se limpiará los dientes, posteriormente para lavar el oxido que la fórmula le ha dejado, tomará el resto del agua que quedó en el frasco o en la petaca y lo pasará por cada uno, igual como pasó el vino Hipocrático por primera vez exprimiendo mucho el fondo de la calza, a fin de que todo el olor se cuele con el agua. Luego colará el agua hasta que sea clara y así podrá usarla en varias ocasiones para perfumar la cara, las manos, la barba o para lavar la boca.

Y señalo que con esta agua siendo colada muy sutilmente se hace un maquillaje que en tres días convertirá una cara morena en blanca, sin comprender el soberano olor que rinde a todas las personas.

CAPITULO. XVI.

Tome de *cerusa* lavada varias veces en agua de rosas iiij.3, y lo muele en el mármol del pintor fuerte, tomará una onza y la disolverá en seis onzas de susodicha agua y acaloradamente lavará la cara durante una hora secándola luego con una esponja. Haciendo unos días esto verá la cara cambiar de color y adquirir una ingenua belleza natural sin que se note nada más en la cara que una sutilización de piel. El polvo que ha quedado en el fondo de la calza donde lo ha colado, no es gustoso, porque a pesar de que el agua de rosas y naftalina a menudo usted pasó, no han dejado nada ni atrajeron la virtud del olor, pero es buena para perfumar y para varios usos.

Para hacer aceite con un olor imposible de hacer en todo el mundo universal y en toda la facultad de medicina, que será la más excelente y soberana fragancia que escuche aquí.
CAPITULO. XVII

Este aceite es de aquellos que los Reyes antiguos Bárbaros usaban en sus perfumes más exquisitos, y a pesar de las virtudes que tiene por medio de su olor, si una sola gota se pone en la matriz de la mujer estéril, le causa y la adapta la matriz de tal modo, que indudablemente estará en cinta por poca virtud que el hombre tenga. Poniendo igualmente al viejo o al impotente un poco sobre su oscilación, le dará virtud en el acto venerado que los calienta exteriormente sin sustituir de ninguna manera lo natural, pero no lo quiera solo usar tan solamente por su olor, una sola gota puesta a la mujer la cambia, y al hombre en la barba le dará un olor tan grande y tan exquisito que permanecerá más de diez días, solamente paseando por la calle lo sentirán. Cierto es que es cara, pero su eficacia es tan digna y de un aroma tan incomparable, que expulsa cualquier aire malo y extraño y reconcilia el amor entre dos personas mediante el amor carnal que tendrán después. Tanto los antiguos griegos, como los latinos lo llamaban taza de amor o poción de amor[1]. Si yo le impulso a hacerlo, no querría por nada del mundo que fuera así, pero piensa sobre todo que es bueno hacerlo y que no le falte de nada.

Fórmula de la composición.

Tome doce onzas de *Ámbar gris occidental* más o menos, —no se asombre si le hace falta tanto, porque el niño que producirá crecerá del todo— cuatro onzas de *almizcle oriental* bueno en excelencia de color rojizo, unos pocos *clavos* y pulveriza media libra en el interior de cuatro onzas de la *canela* más fina que halla, dos onzas de *Iris de Florencia*, una onza de *spicae nardi*, media libra de *lignum aloes* fino. Todo lo mezclará junto y lo machacará fuerte haciéndolo polvo, luego lo meterá dentro de una cornue pequeña según la cantidad que quiera hacer. Pondrá dicha cornue en una olla o vasija de tierra, si pone cenizas dentro que estén coladas, luego sepulte la cornue hasta el cuello y cuando esté dentro la co-

---

1. Del latín *poculum amatorium*.

loca en un horno, cuando el horno esté muy seco, pondrá un receptor o matraz con arcilla bien pegada para que sea muy resistente, luego meterá fuego al horno, al principio que sea flojo el fuego, conteniéndolo, y cuando esté casi terminando le da un poco más fuerte al fuego hasta que se destile totalmente y se separen tres o cuatro partes. Al principio saldrá aceite negro pero de un olor tan vivo, suave y penetrante, que no será posible encontrar un licor, ni bálsamo natural, ni artificial, tan equiparable a éste. Cuando esté acabando haga buen fuego pero guárdese de que no se queme para que no tenga por ello olor extraño. Lo que quedará en el fondo después de que destile más, es de estimación tan grande como el aceite, porque el residuo que está en el fondo de la cornue es una mezcla para hacer polvos, manzanas de olores, padres nuestros u otras composiciones dignas de portar los Reyes u otros grandes príncipes y señores. Hacia la mitad cambiará el receptorio si bien le parece, o si no, derrame el aceite totalmente de una vez. Si le viene mal destilarlo por una cornue destílelo por un alambique de cristal pequeño. Cuando todas las materias estén dentro y el alambique esté medio lleno a causa de su ebullición que no se derrame por arriba. Lo que hará tendrá tanta o más eficaz que el aceite en olores y el perfume de guante, ni siquiera en algún perfume real se puede encontrar olor tan simple o composición semejante a esta.

Para componer la verdadera taza amorosa y venérea que usaban los antiguos en hechos de amores.
CAPITULO. XVIII.

Modo para hacer los carnales amores que comúnmente los Griegos llamaban filtro y los Latinos taza amorosa. Cuando una persona lo ponía en la boca de otra le aparecía el mal de amores y si la persona lo mantenía en la boca mucho tiempo sin escupirlo, moría desenfrenada si no gozaba de la persona que pretendía. Primeramente fue inventado por Medea[1] que la sucedió igual que al poeta Lucretius[2] que murió. Esta carne tiene tanta virtud y eficacia, que si un hombre se lleva un poco a la boca y mezclándo-

---

1. Fue sacerdotisa de Hécate, de la cual aprendió los principios de la hechicería junto con su tía, la maga Circe. Así, Medea es el arquetipo de bruja o hechicera.
2. Titus Lucretius Carus, 96-55 a.C. Poeta y filósofo romano.

lo con la saliva besa a una mujer o una mujer a él, de repente la causará fuego, no se trata de fuego febricitante porque no le da ni sed, ni calor, sino que el corazón le arde para cumplir el efecto amoroso, y no le pasará a otro, sino a quien le ha dado el beso o se lo ha puesto en la boca. El amor en los dos morará largamente e inviolablemente, tanto uno como el otro no podrían durar sin estar juntos y si se separa el amor, el gran ferviente amor se convertirá en furor y entonces serán forzados a hacer el *Amuleto Venéreo*[1] que llamamos brevemente de amores, como el pájaro que denominamos de cola vibrante que no aparece hasta el invierno. Varios que usaban la santa magia sabían hacerlo, así como Diotima[2], que adoctrinó a Sócrates en la oculta filosofía y usó en tiempos de su juventud de estás viandas amorosas y también en su vejez queriendo usar a los jóvenes, a quienes muy pronto fascinaba o encantaba.

Pero esto tiene otra manifiesta virtud al provocar que la mujer o la virgen a abandonen a su pareja y prueben lo que por conjetura artificial ella solo imaginaría, porque fuerza la atracción hacia su semejante. Pero guárdese de usarlo con esos malos fines, reniegue llevarlo dentro de la boca, vos no lo empleéis, porque le podría perjudicar, por eso, es necesario que lo porte en un pequeño frasco de cristal y cuando usted esté cerca del personaje al cual se lo quiera echar, te lo pondrás en la boca y se lo introducirás dentro besándola. El poeta Lucretius —expone el modo de la composición así como resulta— en su cuarto libro demuestra haberlo usado, diciendo: *En Laconia apretaban el cuerpo: expulsaban saliva y apretaban los dientes y la boca inspirando*[3].

Me parece que no es tan alienado ni extraño a nuestra institución si describo como lo hacíamos nosotros, a pesar de que algunos pensarán que no es bueno insertar aquí la receta, pero, ¿cuánto aún que se sepa no está todavía puesto por escrito por nadie?, a pesar de que por la oculta filosofía se hacía para los venenos y era

---

1. *Del latín Amuletum Veneris.*
2. *Diotima de Mantinea. Antigua filósofa y tutora de Sócrates. En griego significaba una mujer completa y también la diosa griega del amor.*
3. *Affligunt Amicle corpus jungúntq; salivas Oris, e inspir ant pressantes dentibus ora.*

defendida en el tiempo de Nerva[1], Trajanus[2] o Adrianus[3] y como más ampliamente Apuleius[4], filósofo Platónico que en la apología que hizo contra Emilianus mostró algo de desconfianza. Pero para no salir fuera de nuestros límites, describiremos el modo principal que se hacía desde la invención de Medea donde las mujeres lo usaban mucho por toda Tesalia.

Tome tres manzanas de mandrágora y las coge todas en el mismo instante que vea el Sol elevarse, las envuelve en hojas de verbena y pone dentro la raíz de la hierba *moly*[5], lo deja a la serena hasta el día siguiente por la mañana y luego tomará el pez de seis granos de *lapidis magnetici* de la parte donde no hay hierro, arrancándola de raíz en cuadrante, pulverícelo luego sobre el mármol lo más sutilmente que pueda y rocíelo un poco con el jugo de la manzana de mandrágora. Luego tomará la sangre de siete pájaros machos degollados para este patibulario, pez de ámbar gris, 57 granos de cebada, el pez de siete granos de almizcle, ponga la mejor canela que se pueda encontrar, el pez de 377 granos de cebada, clavo y el pez de tres denarios de *lignum aloes* fina, espinas del pez púrpura confitadas y cristalizas en miel, el pez de veintiún granos de *macis*, el pez de quinientos granos de *calamus odoratus*, el pez de setecientos granos de la raíz de *lyris Illirica* o de 31 granos *de esclavonie*, raíz *apij risus*, del vino crético doble el pez, el pez de setecientos granos de azúcar finísima, que son cerca de más de una onza y todo lo pone mezclado y pulverizado, lo machaca en un mortero de mármol con palo de madera y coge con una cuchara de plata y lo mete en un vaso de vidrio, lo hierve sobre el fuego hasta que vuelva al azúcar como jarabe. Guárdese sobre todo que no se queme en falso, y después de que cueza, exprima cuidadosamente todo, cuando esté muy exprimido lo

---

1. En latín Nerva Caesar Augustus. Emperador romano, 96-98 a.D. El primero de los cinco buenos emperadores.
2. En latín, Marcus Ulpius Traianus. Emperador romano nacido en el 53 d.C en la ciudad de Itálica, la actual Santiponce en Sevilla.
3. Adrianus de Tiro, 113-193 a.D. Fue un sofista de la antigua Atenas que floreció bajo los emperadores Marcus Aurelius y Commodus.
4. Filósofo platónico y retórico romano. Autor del libro El asno de oro.
5. En la mitología griega era una planta mágica.

pondrá en un vaso de oro, de plata o de vidrio, y cuando lo quiera usar se pondrá en la boca muy poco, como medio escudo, y aunque se lo trague no le dañará nada. Por experiencia si no encuentra a la persona que quiera tratar no dude ese mismo día en cumplir con Venus, bueno le parecerá, porque el aumento que hará para procrear la semilla, le subirá al cerebro y causará un furor llamado desenfrenado amor. Tiene otras grandes virtudes para regocijar a la persona pero haría falta hacerlo sin la *lapis magneticus*, que es incomparable, pero para que tenga virtud y eficacia para la consagración a Venus es necesario que la piedra esté allí, porque por su virtud la mandrágora hace excitar la virtud de la semilla genital expulsiva quitando el *apij risus*.

Anotaré que si un personaje casado con el amor del cielo es frío y tiene algún divorcio por defecto del uno o del otro, o igualmente los hombres que la mayor parte padecen de la imperfección que la mujer no tiene, añadiéndole a esta fórmula los sedimentos del aceite del ámbar gris, el pez de 31 granos disuelto en sangre de paloma blanca y mezclado con un poco de *philtre amuleti*, desaparecerá cualquier odio y rencor, pero por experiencia se que no calienta a una mujer desenfrenada, rabiosa y maliciosa por naturaleza, porque esto la calmaría por pocos días, pero al final sería siempre propensa a su mala malignidad e igualmente sucederá si ella procede de malos padres llenos de malicia oculta.

Es muy posible que algunos del estudio de filosofía Platónica quieran juzgar esto por frívolo, pero si piensan bien todas las razones, encontrarán que ha sido sacado y ha nacido de la escuela, *ae, ae*[1], que llueve del soberano Sol, que es la verdadera luz del Dios. Que nunca fue tan audaz —la escuela— al querer emprender con lo hecho o puesto coacción matrimonial alguna, porque para usar de ese amor fraudulento y libidinoso habría que usar mal su sabiduría.

Para hacer una clase de jabón moscatel que emblanquece y endulza las manos, de dulce y suave olor que da a las manos una perfecta blancura y dulzura al tocarlas.
CAP. XX.

---

1. *Abreviación de adjunto de enseñanza. Profesor o profesora no titular.*

Tome iiij onzas de raíces de malvaviscos y las pela sin lavar, las seca a la sombra y cuando estén secas haga polvo suave y tome el pez, una onza de almidón, una onza de harina muy fina, seis dracmas de piñones, dos onzas del aceite que ha salido de las almendras peladas, una onza y media de la semilla de naranjas bien mondadas, dos onzas de aceite de sarro de almendras dulces y medio dracma de almizcle. Todo lo pone en polvo suave y pondrá para cada onza de polvo media onza de *hyris de Florence*, cogerá media libra de las otras raíces de malvaviscos y las macerará, las pone a remojarse una noche entera en agua de rosas o agua destilada de naranjos, exprime fuerte las raíces y el agua, la sustancia viscosa que saldrá apestará a todo el resto, empape el almizcle con dicha sustancia viscosa y con marrubios o manzanas redondas, lo seca, y cuando lo quiera usar en una mano, se lo echa y se pone el agua frotándose las manos, verá blancura y sus manos suavizadas. Aquí no entre al tema del jabón de Gaiete[1], como hacen los otros, porque después de volver las manos blancas, las hace ásperas y secas a causa de que el jabón de Gaiete está compuesto de mucho polvo, como de cal de cenizas comunes de las que hace el vidrio y de cenizas de sosa que se hacen de cal quemada. El verdadero jabón de Gaiete no se hace solo del polvo de la cal y de esta cal quemada y calcinada, porque todo jabón aunque sea hecho de estos polvos y aceite de oliva, hace que le de a las manos gran aspereza.

La composición de nuestro jabón, en cambio, es dulce y amistosa porque incluye cosa que es lenitiva y aunque las manos sean temblorosas, con dos o tres veces las habrá hecho tan suaves y ágiles como las manos de una señorita de diez años.

Otra forma de jabón moscatel para la barba que puede servir para los señores y que es de buen olor.
CAPITULO. XX.

Tome media libra del jabón de Gaiete u otro lo más blanco que pueda, rasque con un cuchillo, luego cuando esté totalmente rascado, tome dos onzas y media *de hyris de Florence* puesta en polvo

---

1. Posiblemente del francés Gaieté. Alegría, regocijo, felicidad, viveza, jovialidad. Por lo tanto, la traducción podría ser "jabón de jovialidad".

muy sutil, de *calami aromatici* y *sansucci* seis dracmas de cada uno, media onza de rosas secas, media onza de clavos, de cilantro no preparado 3.j, de lavanda y de hoja de laurel un dracma y medio de cada uno, de *storax calamitae* 3.iij. Todo lo hace polvo sutil y lo mezcla con el jabón rascado y diez granos de almizcle y de ámbar gris, todo lo empapa en agua de rosas y hará un jabón soberanamente bueno para lavar la barba. Si desea lavar la cara, al bastonearlo meta un poco de aceite de almendras dulces, como una onza o cerca, entonces se suavizará mejor y dará a la cara más suavidad sin estirarla. Por estas cualidades varios querrían saber la fórmula del jabón para hacerlo comúnmente y que lo mecanizara el ladrón a pesar de que en varias comarcas donde el aceite está en gran demanda, el jabón no se puede hacer porque la principal materia usada es el aceite y los residuos.

Del jabón también se hace una materia que los orfebres en defecto de rellenar pueden usarla tan fácilmente cómo el mejor silicato de cobre, que ellos llaman bórax, la descripción de este está inferida más abajo. Por lo que dicen el bórax es una de las materias principales para decorar y emblanquecer la cara, nos a parecido bueno ponerlo por escrito. Todos los charlatanes mentirosos y engañadores alquimistas que han dejado por escrito el modo de hacer el bórax jamás han sabido cual era la principal materia de él, porque el sulfato con el que todos lo han fundido no ha pertenecido jamás al bórax. Y para satisfacer a varios que tienen la fantasía de saber de qué esta hecho y la materia principal, yo lo diré, porque la principal materia del bórax no es otra cosa que las lavativas, o el *capitellum*[1], que nombran los señores abusadores. También la lavativa es la principal materia del jabón de donde se saca la materia para hacer el vidrio y la cal calcinada que se llaman cenizas moteadas o sosa. Si vos queréis hacer el verdadero bórax a la perfección, hágalo así como le explico.

Para hacer Bórax artificial claro como la azúcar cristalizada.
CAPITULO. XXI.

Tome jabón duro de Gaiete, dos o tres libras, o lo que a usted le plazca, lo pone en piezas menudas, luego lo pone en un bote de

---

1. *Del latín. La cabeza del húmero. Capitel de una columna.*

tierra nuevo y lo hierve con media libra de mantequilla de vaca, cuando lo vea que está casi quemado, vuelva a echar la mantequilla y la chamusca, que todo quede como negro. Cuando todo esté bien quemado, cójalo y pulverícelo, disuélvalo con leche de cabra o vaca y cuando esté bien disuelto, hierva dicha leche tres o cuatro ebulliciones dejándolo luego reposar. Quite la espuma que está en la parte superior, que no es otra cosa que leche, el resto lo pone en un bote de tierra nuevo con algunas pequeñas ramas de caña o de madera de abeto seco, a fin de que se sazone como la azúcar cristalizada. Déjelo una noche o dos al sereno o en algún lugar muy frío, porque si corre el viento del cierzo le perjudicará ponerlo y lo encontrará todo cristalizado como hielo posibilitando que no sea tan blanco, pero en la operación, tendrá fácilmente todos los metales igualmente de oro y de plata. No os asombréis si cosa tan vil como el jabón es el principal fundamento y la principal materia del bórax, porque yo mismo antes de componerlo —en el futuro— me dediqué mucho a hacerlo, y ahora que encontré una de las materias para realizarlo, muchos ladrones hablarán del bórax y será cogido por el vil que se enfadará al desear hacerlo y verse defraudado.

Ahora prosigamos con el verdadero embellecimiento de la cara.

Forma de hacer agua destilada para emblanquecer e ilustrar perfectamente la cara.
CAPITULO. XXII.

Este agua es de virtud tan grande que no solamente da lustre a la cara, mas ella destruye las manchas cubriéndolas de una ingenua blancura sin estropear ni estirar la piel, sutilizándola y endulzándola, manteniendo la blancura una larga temporada, quita las lentejas, hace cambiar de color a los sonrosados, palidece la cara de los que son amenazados por lepra, guarda que las pústulas no nazcan en la cara, hace que una cara vieja parezca joven, conserva la piel en su perfecta blancura e integridad, guarda que el pelo del medio de la frente no salga para que no parezca una mujer maligna y maliciosa, porque el pelo de la frente le descienda mucho hacia abajo, sin embargo, si las venas de la frente son muy aparentes el agua no la preservará de que la crezca el pelo, pero en cuanto le de su gran eficacia, emblanquezca y rinda su efecto, rápidamente, en pocos días, ilustrará la cara como caso milagroso y por lo menos enharinará muy poco.

Tome de cerusa Veneciana media libra, de litarge de plata de la buena, cuatro onzas, lo mezcla todo junto y lo hace hervir en una olla con vino agrio blanco que no se queme mucho, la cantidad del vino agrio debe ser de cuatro libras y media, y cuando halla hervido hasta que de cuatro partes se consuma media, lo quitará del fuego y lo destilará por el filtro. Cuando esté todo destilado tomará susodicha destilación y la pondrá en un frasco de vidrio, luego de raspadura de nácar hará pequeñas porcelanas blancas, de cada una el pez de una onza y media, de bórax fino y cristalino una onza, de higos verdes de una higuera salvaje rotos con leche xij, de raíz de iris fina de Florencia bien pulverizada media libra, de *gersa serpentaria* hecha en forma de almidón, cuatro onzas, trescientas rosas blancas recientes, seis limones divididos en cuatro partes, cuatro onzas de flores de lis, de *succi sempervinae* una libra y media, media libra de cerusa de Venecia bien lavada en agua de rosas, media libra de flores de fuego, todo que sea destilado por un alambique de vidrio o, a falta de alambique de vidrio, póngalo en un frasco de vidrio y luego ponga dentro un rosario de plomo, lo destila y separa cuatro aguas, donde los pondrá juntos. Pero hay que entender que si usted hace separación de la última, ella tiene gran verdor y eficacia para destruir todas las manchas o males de la cara y disminuye las marcas que causan los sarampiones en los primeros años. La primera disuelta con un poco de cerusa preparada, como arriba está escrito, es soberana para emblanquecer toda la cara, sólo poniéndola durante cuatro días seguidos rinde un esplendor a la cara que la madre parecerá la hija, y al continuar, diríamos que la madre era hermana de su hija. La segunda o tercer agua, disminuye tan rápidamente las lentejas de la cara que parece que no toma el sol, tan noble belleza hace aparecer. Igualmente para borrar en poco tiempo una cicatriz aparente, tomará el pez de media onza de sal gema y seis onzas de agua de rosas, lo hervirá en un pequeño frasco de tierra cinco o seis ebulliciones y luego tomará un poco de la tercer agua destilada, como cuatro o cinco gotas del agua donde la sal gema hirvió, y lo mezclará todo con el dedo en la palma de la mano dejándolo donde más le plazca. Verá en pocos días que las concavidades de las cicatrices se unen y no aparecen más.

Verdaderamente si las cicatrices son causadas por sarampión en algún personaje de mediana edad y si son demasiado aparentes, ni esta agua, ni la primera, ni la última, tendrían ninguna eficacia o bien poca, pero si el personaje es de complexión sanguínea o flemática, para la blandura de la piel esto tiene gran virtud y eficacia.

Para hacer la verdadera leche virginal que está numerada entre las aplicaciones que se hacen, tanto para emblanquecer la cara, como para quitar las máculas de la cara.
CAPITULO. XXIII.

Cuando varios lo pusieron por escrito le atribuyeron varias virtudes que no tiene, porque queda puesta en la cara un poco harinosa sin que tenga ningún maquillaje. Viendo yo varios libros en la facultad de medicina, tanto antiguos como modernos, tanto Griegos, latinos como Bárbaros y tantos como he podido extenderme, de todos los que escribieron para la decoración de la cara, para no omitir nada, escribieron varias cosas y casi cada uno dejó por escrito la leche virginal pero, a lo que yo voy, es que ellos nunca lo hicieron en la práctica, ni lo hornearon ni sabían como hacerlo, y no hablo sólo por lo que oí decir. Sé que todavía habrá alguien que no podrá aguantar hablar mal y dirá que no es gran caso y yo le contestaré todas las veces que a quien le guste trabajar sabrá como se hace.

La verdadera forma de hacerlo es la siguiente.

Tome seis onzas de litarge de plata que esté muy sutilmente pulverizado y hiérvalo en un precocinado con una libra de vino agrio blanco, el más fuerte que se pueda encontrar, lo hierve hasta que de seis partes una sea consumida, luego lo retirará del fuego y lo dejará un poco reposar hasta que se haya clarificado, después lo destila por un filtro con dos lenguas y lo que destilará lo pondrá en un pequeño frasco de vidrio. Luego tomará el pez de media onza de sal gema u otra sal y lo hierve con media libra de agua de rosas hasta que de las seis partes se consuma una, posteriormente separará esta agua en otro frasco y cuando la quiera usar para paliar algún lugar del cuerpo, mismamente la cara, tomará dos o tres gotas de la primera decocción que fue hecha de vino agrio, y pondrá cinco o seis gotas del agua o la sal a hervir, las mezclará juntas y luego las aplicará donde le parezca bien.

Y señalar que hay que mantener cada una de estas dos aguas aparte, porque si se ponen juntas se corromperían. No obstante y antes de que lo quiera usar, tome de una menos que de la otra. Esto lo puede usar alguna mujer de estado bajo, como alguna camarera, pero si quisiera usarlo algún personaje de honor tendría que retirar la facción del sublimado a la cual ningún maquillaje es equiparable.

Para hacer los cabellos rubios como hilo de oro, que aún siendo negros o blancos los volverá de color eslavo, sin que pierdan sus colores durante largo tiempo, y los conservará enteros haciéndolos crecer muy rojizos desde la raíz hasta las puntas. CAPITULO. XXIIII.

Tome una libra de las ramas del bosque de dicha madera que sea pulverizada sutilmente, media libra de rama o ralladura de boj, cuatro onzas de regaliz tierno, cuatro onzas de corteza de naranja muy amarilla y seca, de raíz de celidonia y de *papaver cornutum* cuatro onzas de cada una, dos onzas de hojas y la flor del glaucio, media onza de azafrán, media libra de pastel de trigo menuzado y picado, todo lo hierve en una lavativa hecha de cenizas hasta que suba hasta la mitad y luego lo cuela todo. Después tomará una gran jarra o vasija de tierra y le hará diez o doce pequeños agujeros en el culo, luego cojera la misma cantidad de cenizas de fermento y de cenizas de claveles, las pondrá en algún mortero grande de madera u otro, tal como le parezca bien, los rociará con su decocción y presionará fuerte casi todo un día para que se endurezcan y siguiendo aplastándolas meterá la paja de centeno y de trigo aplastándolo sin cesar, tanto que adsorban una gran parte de la cocción, luego tomará dichas cenizas machacadas y las pondrá en la jarra o vasija de tierra, y a cada uno de los agujeros de dicha vasija pondrá una espiga de centeno, que además pase.

Haga primero un lecho de paja y de cenizas hasta que la vasija esté llena y deje un poco de sitio para poner el resto de la decocción, luego pondrá al atardecer otra vasija de tierra para recibir la lavativa que destilará por los agujeros a lo largo de las espigas de centeno, y cuando por la mañana lo quiera usar ira a ver lo que sea destilado y lo recogerá. Con una piedra pómez se lo pondrá en el pelo hasta que se seque, y dentro de tres o cuatro días tendrá el pelo tan rubio y rojizo como un oro ducado, pero antes de ponerlo en la cabeza, ha de lavársela con otra buena lavativa, porque si está grasa no agarraría tan fácilmente. Y debe saber, que tendrá para un año o dos con el contenido de la presente receta y, si hace suficiente, tendrá para proporcionársela a diez o doce mujeres porque con un poco de licor se tiñe rápidamente y fácilmente el pelo sin que haga falta lavarlo con otro. Y si una mujer tiene el pelo tan negro como el carbón lo hará rubio durante largo tiempo.

Otro modo para hacer el pelo de la barba rubio y de color dorado y quitar alguna superfluidad del cuerpo que perjudique a la cara, no hiere, pero ha de usarse con discreción porque de otro modo le causaría daño. CAPITULO. XXV.

Tome dos libras de sal, una libra de sulfato, una libra de vitriol[1], junte todo y destílelo en una cornue de vidrio de esta forma. Ponga la cornue con todas las materias dentro y en un gran vaso de tierra parecido a una jarra. Meterá la cornue cubriéndola totalmente de cenizas para que mediante el fuego la cornue no se rompa, luego meterá en el recipiente o matraz la cornue sellada bien con clara de huevo, cal viva y arcilla, para que no respirare de ninguna manera. Cuando esté seco, que será al cabo de tres días, póngalo primero a fuego lento, después muy fuerte, hasta que todo se destile y, cuando todo esté destilado, abrirá el matraz y verá un agua que os parecerá que es como agua fuerte, en verdad la diferencia es muy poca, porque éste agua disuelve los metales y separa el oro y la plata, aunque nosotros no necesitamos esta propiedad ahora, lo quería decir para demostrar que, a pesar de esta cualidad, tiñe los cabellos de color dorado sin quemarlos si la administra como resulta.

Para administrar susodicha agua. Después de que se haya lavado la cabeza, que no esté grasa y que esté bien secada la humedad, tomará susodicha agua y la pondrá sobre el pelo, todo sin

---

1. Nombre anciano del ácido sulfúrico concentrado, traducido del francés sería vitriolo, del latín vitriolum.

pausa. Si la diluye con fuerza y se frota mucho el pelo será mejor que no le toque la carne, porque en verdad le quemaría y también le rompería el pelo como si le hubiera pasado fuego, pero si frota el pelo muy suavemente sin que el agua tenga ocasión de dar corrupción en lugar de dar decoración a la cara, entonces, dejará el pelo tan amarillo como un hilo de oro y el pelo quedará totalmente íntegro. Igualmente si en algún lugar del cuerpo o en alguna parte que tenga alguna mancha natural o no, incluso que esté en el vientre de la madre, poniendo un poco de susodicha agua y luego frotando sin parar, pero sin distraerse, lo quitará sin mal ni dolor, pero debe ser una mancha o mácula exigua, porque en una gran mancha le dolerá. También hay que anotar que la persona que quiera usar contra las maculas de la cara esta agua, no lo haga durante muchos días, porque antes de que desaparezca de la cara la macula, lenteja, o mancha, se pondrá el lugar muy amarillo, como azafrán y con ningún agua del mundo, ni con ningún jabón se podrá quitar hasta que al cabo de algunos días el agua picada quitará la pequeña piel superficial dejando debajo una piel totalmente nueva sutil y fina. Si alguien quiere usar de otro modo este agua sin atender bien previamente nuestra receta, le podría perjudicar. Es tan buena como el agua fuerte que los orfebres hacen en la separación del oro y de la plata, pero no llega a hacer ese color dorado. No quieren nada de vitriol en el agua fuerte que ellos hacen, porque si el oro tiene algo de metal extraño lo tendrían que incinerar y consumir y luego no encontrarían su pez.

    Si quiere que el pelo tenga el color que demanda podrá administrar el agua como ha sido descrita y usarla con sabiduría, porque de otros modos no es necesario hablar en absoluto y para más seguridad es mejor usar nuestra primer agua como le tengo dado por escrito, que con total seguridad y verdadera fidelidad la presente agua dentro de un día volverá el pelo muy rubio. Yo soy contrario a poner por escrito el verdadero efecto a fin de evitar las calumnias de algunos, pero si quiere usar tanto de esto, como de todo como está redactado, encontrará los efectos y las operaciones sin tener que fallar en nada. Hay varias cosas que encontrará por escrito que no molestarán ni a grandes señores ni a príncipes, también hay que saber que este presente Opúsculo ha sido redactado a petición de una gran princesa, por medio de su muy ilustre magnificencia, espero que la satisfaga lo que por esta compilación de las más exquisitas composiciones le pueda otorgar en cuanto a lo que concierne al exaltamiento de la belleza femenina, de la propia cara y de la blancura, porque al adquirir blancura por consiguiente resultará la belleza.

Resulta una muy soberana y muy útil composición para la salud del cuerpo humano, la cual es de gran virtud y eficacia. CAPITULO. XXVI.

Le quiero insertar aquí la composición que a menudo hice para monseñor el Reverendísimo Obispo de Carcasona, monseñor Amainen de Foix, el cual, siente la vida en el cuerpo, y es que, el alma en la facultad de medicina no es otra cosa que calor natural y al faltar ese calor, desfallece la vida. Por medio de esta composición la constitución melancólica cambia en la sangre, en cuánto que sean dos humores discrepantes diametralmente en todos los puntos, como el humo que es materia caliente y húmeda, si está esto desde el primer instante se convierte en hollín fuliginoso, que es frío y seco de la naturaleza de la tierra. Así, esta composición reflorece al personaje que la usa, si es personaje triste o melancólico le hace alegre, jovial, si es hombre tímido, le hace audaz, si es taciturno le hace afable por el cambio de las cualidades, si es hombre maligno le vuelve dulce y tranquilizador, también lo conmuta como a la edad de treinta años, si el pelo de la barba le comienza a ser gris, le guardará de la coloración no amiga de los años retrasando la vejez, pero todo preservando al corazón y a la persona tan enteramente como el día que lo ha tomado, su estómago rendirá olor, se sentirá muy contento sin irritar su naturaleza sin alterarla de ninguna manera, preservándolo de dolor de cabeza, de dolor de costado, aumentando la semilla espermática en abundancia, el hombre hará todo lo que quiera sin enfadarse, ni alterarse nada. Conservará los cuatro humores en tal simetría y proporción que ni el hombre al nacer lo tiene tan bien ni tan finamente, pero así como hemos aprendido del nacimiento también hemos aprendió de la muerte. La aclaración que él hace es tan recreativa que prolonga la vida extendiéndola tan largamente que si no tiene un gran accidente o exceso, al usar esto, su vida se extenderá como la vida de los antiguos bárbaros, porque este preparado le protege y libera del peligro de caer en tisis de primera, segunda o tercera clase y en tiempos de pestilencia le preserva del dolor. Debe saber que el que sea golpeado por la peste, y que en diez horas escape de allí, verá como al cambiar de aires situándose a tres leguas por lo menos lejos de los pestíferos, no desfallecerá, escapará y no tendrá perjuicio alguno ni ningún peligro, las virtudes son dignas de recomendación. Y aviso que la composición debe ser hecha totalmente como está puesta por escrito, porque no hay nada que no le sea posible hacer.

Resulta de la composición.

Fórmula: pul. de *musci dulcis*, pul. de *marg. frig.* pul. de *gemmis.* pul. de *corali magistralis, foliorum auri minutin incisi* 150, *lapidis lazuly loti*, mezclado, preparado y pulverizado muy sutilmente, pero que no sea de los que tienen los boticarios porque estos no valen nada, sino de aquellos que llevan los lapidarios o los orfebres, y toma el pez de cuatro dracmas, si tanto puede encontrar, quince trozos de perlas, añade 3.j de ralladura de marfil, 3.iij de ralladura de unicornio, 3.j del corazón del hueso de ciervo, ij madera de aloe, interior de cinamomo. Añade 3 semillas conservadas de rosas, lengua de buey, de violas añade 3.j, de nueces vj, de corteza de cidra aderezada con azúcar y óptimamente empapada 3. iiij, de *zêziberis* condimentado 3.vj, de *carnium mirobálano* y de *emblicorum conditorum* 3.iiij, la base de naranja y de lechuga y una calabaza de la temporada. Añade 3.j. de oro de ducados lo más exactamente pulido y más fino que se pueda encontrar, el pez de cuatro ducados, 3 semillas de Ámbar occidental, 3.ij de musgo. Los polvos serán puestos juntos y las conservas y las confituras serán prensadas mucho en un mortero de mármol con las hojas de oro y el oro limado. Todo será fuertemente batido y mezclado. Después tome seis onzas del pez de seda fina y blanca con la cual jamás haya trabajado y lo hace hervir con dos onzas de fresas, luego añada el pez de la semilla de la escarlata, jugo de manzanas bien exprimido, agua de rosas y cardo bendito, de cada uno media libra, luego seis onzas de azúcar fina, hierva la seda con las fresas, el agua y el jugo hasta que se vea muy roja y cuando note que la seda hierva, no hace falta que el azúcar esté allí. Cuando haya hervido bien con el agua, los jugos, y el vino, entonces lo quitará del fuego y lo colará con aplicación, lo apretará lo más fuerte posible, luego a lo que haya colado le pondrá el azúcar y lo hervirá como jarabe. Después cuando esté próximo a cocerse echará dentro dos onzas de buen vino malvasía o blanco y lo cuece otro poco, cuando esté como jarabe lo quitará del fuego y pondrá el ámbar gris, que si es del bueno se fundirá, pondrá el almizcle cuando se enfríe y luego pondrá el resto de las conservas, confituras y polvos bien pulverizados. Al final, cuando esté frío lo removerá mucho a fin de que se mezcle bien durante media hora, luego tomará cuatro onzas de la corteza de blugosa o lengua de buey confitada y una onza de *doronici Romani* muy pulverizada, lo mezclará todo al máximo y cuando todo esté bien mezclado pondrá las láminas de oro al final. Cuando la composición esté acabada la pondrá en un vaso de oro, de plata o de vidrio bien cubierto.

La manera de como se debe usar susodicha composición, que es igual en virtud y eficacia al oro potable.
CAPITULO. XXVII.

Si se toma cada mañana el pez de un dracma empapado con un poco buen vino o de malvasía y una hora y media antes de cenar: preserva a la persona de caer enfermo, conforta al corazón, al estómago y al cerebro, cura el mal epiléptico a los que no tienen todavía veinticinco años, rejuvenece al hombre, retarda la vejez, protege en tiempo de pestes al que lo toma, el día que lo tomará no tendrá ningún contagio, un escudo del pez da más alimento laudable que todo un capón, preserva al hombre de lepra, expulsa la melancolía y mitiga el dolor del vientre. Pero la gran virtud que tiene es que en el momento de la muerte, sobre la hora de la batalla entre la naturaleza y la enfermedad, da tal fuerza y vigor al enfermo si lo mezcla con agua de buglosa que la crisis se torna a su favor y el mal será sobre pasado, porque la virtud más grande que puede tener esto está en el corazón cien veces más que la confección del *alchermes*[1]. También si alguna dama no puede tener niños

---

1. Es un tipo de licor italiano preparado con alcohol neutro, azúcar, canela, clavo de olor, nuez moscada y vainilla, entre otras hierbas y aromatizantes.

esto adapta la matriz de tal manera, que ambas semillas espermáticas conglomeradas las retienen en los receptáculos de esta y los adapta. Cuando lo señores doctores de la facultad de medicina vean punto a punto la composición, no le atribuirán más que alabanzas. Igualmente si una persona ha caído en síncope, un poco de esto le volverá a poner el alma en su asiento, hasta el alma vital. Esta composición es para todas las personas porque todos los humanos son humanos, preservará su vida y vivirá largamente en santidad y la cara tendrá alegría, pero sobre todo se prudente, que todo está aquí, no te fíes de todos los boticarios que lo prometen, que por uno que halla bueno hay cien mil que son malos, porque unos son pobres y no tienen como hacerlo, otros son ricos y poderosos pero son avaros y corrompidos que no pagan en su grado, no pondrán ni la mitad, ni siquiera el tercio del contenido de la receta, otros son ignorantes que no saben nada ni quieren saber, un mal vicio en un hombre de tal estado, otros lo ofrecen salado y mal aclarado, que son los que ellos hacen deshonestamente.

No digo en absoluto que no tengan lo que tienen todos, ellos lo tienen, ellos tienen la conciencia limpia, ellos tienen el saber, pero son negligentes y ordenan hacérselo a otros, son estos los que lo hacen mal. No quiero negar que hay varios que lo hacen bien pero esto es muy raro. Los he seguido por todo el reino de Francia, al menos la mayor parte, frecuentando y conociendo a varios boticarios, pero vi hacer cosas tan enormes que no pensé que existieran en todas las artes manuales mecanizadas, que es donde son frecuentes los mayores abusos y el mayor cargo de conciencia que se hace en el arte farmacéutico.

Si yo quisiera escribir la centésima parte que como testigo ocular puedo afirmar el papel no sería suficiente para ponerlo por escrito, ni que yo quisiera grabar a alguien de este mundo, al soberano Sol no le gustaría que participara de su inmenso esplendor. Pero viendo el mundo para aprender y conocer las cualidades y constituciones de la gente, para ver la clemencia e inclemencia del aire y las diversas naciones del mundo, igualmente para el conocer lo simple que en algunas regiones son y en otras no, y principalmente, para ver las antiguas topografías hechas en los tiempos del siglo Romano y habiendo ejercido en la facultad de medicina, donde yace mi principal profesión, he conocido tantos abusos y en tantas diversas ciudades, que para no ofender los oídos de unos u otros cambiaré de propósito, así como hizo Lucien en Elogios a Demóstenes[1] con ese que fue a pintar al caballo que estaba acostado. Yo he estado mucho en varias partes en las que la facultad de medicina es noblemente puesta en ejecución, pero a diario esto no es tan a menudo, porque hay casos donde algún médico llega a la botica de un boticario charlatán y para satisfacer a algún enfermo quiere ver hacer las medicinas sopesándolo como buena razón, igualmente si conoce a un boticario ignorante o un poco idiota, loco, glorioso y temerario, indigno o rancio, entonces cuídese de fantasías porque tendrá de todo para todos los males, dirá a este joven médico: ¿me quiere usted controlar? ¿Cree usted que no soy hombre de bien? quiero que sepa que lo haría mucho mejor que usted pero no lo sabría preparar porque usted lo hace en vuestra región y no encontraría las drogas, pero yo haría mejor lo que usted no sabría entender, y mil otras declaraciones que ellos dicen y que hacen de las cuales no me atrevo a escribir ni la duodécima parte de estos males.

Verdaderamente he conocido mucha gente buena que entendía y hacía muy bien su arte. En el lugar donde yo estaba jamás el arte de la medicina estuvo mal administrado, por ejemplo hijo, estando en Marsella conocí a dos o tres señores doctores en medicina y gente de bien que siendo sabios serían mucho peor, mismamente a Loys Serre[2], un hombre sabio, docto, y en presagios un segundo Hipócrates que administra todo su poder justamente. Si quisiera recitar todas las ciudades donde yo he practicado, donde la medicina se hizo bien y mal, nuestro libro sería demasiado enorme, pero no obstante, doy la palmada —sin que las otras gentes de bien sean participantes— tanto en su ciudad, como en la ciudad de Aix en Provenza y en otras partes, a Joseph Turel

---

1. *Luciano de Samosata. 125-181. Escritor sirio de expresión griega, uno de los primeros humoristas, perteneciente a la llamada Segunda sofística. Se conservan alrededor de 82 opúsculos de temática muy variada entre los cuales se incluye el Elogio de Demóstenes.*
2. *En el registro de la universidad de Montpellier aparece que Louis Serré se registró en 1507 desde la ciudad de Marsella.*

Mercurin, y en el presente en nuestra ciudad de Salón a Francisco Berard[1].

Podría decir en realidad que no he frecuentado ni he experimentado con otros y que después cambiaron de profesión, pero no es posible, y ya que la vida del hombre es breve finalizaré tales declaraciones estando seguro de que varios no estarán contentos y de que esta breve declaración servirá como animación del corazón de los malignos que, a menudo, gastan al sucedáneo hiriendo su alma.

Quise poner esto solo para dárselo a conocer y avisar a quien quiera que la composición le salga limpia, a fin de que la acabe y de que después su armonía no frustre lo que pretende, porque el efecto de la mixtura presente tiene mucha virtud para penetrar y adherirse en las partes interiores del corazón, igual que vemos como los desfallecimientos del alma se agarraran medicálmente a la vida humana.

Para poner los cabellos negros de la barba por muy blancos que sean. CAPITULO. XXVIII.

Para hacer una tintura rápida, que dure mucho, para los cabellos negros de la cabeza o de la barba de la que usaba Medea cuando la atribuíamos que convertía a los viejos en jóvenes por el uso de este método, por cual después en tiempos de Gordianus[2] el más viejo Emperador hijo de Metio Marullus, doscientos treinta y cuatro años después de Jesucristo, teniendo sesenta y tres años parecía joven por medio de la tintura del pelo. Pero lo tendremos que hacer en canícula o servirla del tiempo como resulta en la descripción.

Tome sulfato de roca ij.3, el pez de una libra del jugo de una hierba llamada *glastum* o *glaucions* —de la cual plantan cerca de Toulouse y hacen el pastel—, media libra de jugo de corteza de nueces recientes, media onza de nueces de ciprés, de hojas de masilla que llamamos lentejas, de agallas de roble tostada, y dos dracmas. Primeramente será hervido el sulfato de vino agrio junto

---

1. Doctor en Derecho, ciudadano de Aviñón. Fue amigo de Nostradamus y se conservan diversas cartas de correspondencia entre ambos.
2. Marco Antonio Gordiano Semproniano Romano Africano. Fue emperador romano en el año 238. Era hijo de Metio Marullus.

al jugo de glaucios hasta la mitad, luego cogerá esta decocción y totalmente caliente se lavará la barba o el pelo de la cabeza tocando lo más mínimo la piel, porque la dejaría negra. Después de que se haya lavado con esta primer agua, hierva las agallas, pulverice las nueces de ciprés bien y deje reposar las lentejas, luego volverá a lavar la barba que se pondrá negra, de un color como rojizo y negro. Después hará áspero jugo de corteza de nuez y se lavará sin tocar la carne hasta que vea que el pelo adquiera un color totalmente diferente.

Para conservar el color largamente en el pelo de la cabeza o de la barba tenga siempre una esponja que esté mojada en jugo de corteza de nuez o esté empapada con un poco de sulfato, porque esto hace infundir el color al pelo, pero mire que el pelo antes esté bien lavado y limpiado con el jabón que referiremos ahora. Todavía este jabón desengrasará y ennegrecerá más el pelo.

Para hacer un jabón negro que ennegrece la barba rápidamente. CAPITULO. XXIX.

Tome media libra de jabón de *Gaiete*, rásquelo sutilmente un poco y lo deshace en algún vaso de tierra a pequeño fuego, no ponga el fuego muy violento. Cuando se funda y comience a volverse negro, le aumentará el fuego muy poco para que el flameado del fuego se pueda coger. Cuando esté así cójalo, tome el pez de dos dracmas de *fuliginis rhesinae* y otros dos de *fudiginis picis nigrae*. Recoja interrumpidamente el jabón cuando tenga la llama y póngalo encima de un mármol frío y en lo que ha recogido pondrá los hollines, luego cuando se enfríe, lo cogerá, lo hará polvo, y lo echará con jugo de corteza de nueces recientes adosando un poco de éste hollín de pez resinoso sacudiéndolo un poco como bien le parezca.

Cuando quiera usarlo tomará nuez de ciprés y la hervirá con agua y un poco de vinagre, con esta decocción lavará la barba o el pelo, luego sacudiéndolo sin cesar, el jabón le pondrá la barba tan negra como el *Gaiete*, pero guárdese de que por nada del mundo le toque la cara, no le aportaría perjuicio pero sería engorroso después limpiarlo. Con una vez o dos veces que haga éste lavamiento el color de la barba se cambiará.

Y es lo que Mirón[1], el soberano escultor, hizo cuando fue a pedir a Lays de Corinto[2] la copia de su pieza de noche, pero esta a pesar de no tener nada blanco el pelo, tenía la cara arrugada, como nos deja por escrito D. Ausone[3]. Después de haberlo usado y si lo usa cada día, dirán que eres como Tiresias[4], que cambió de edad y de sexo.

Si usted no lo sabe administrar bien como está escrito y en lugar de hacerlo de jabón lo hace de bórax, guárdese de no quemarlo para que no sea privado de vuestra intención. Señalaré que fundiéndolo o licuándolo cuando comience a ser negro, aunque el fuego no lo ponga, no valdrá menos, pero si se reduce por falta de humedad untuosa, sería defectuoso, no sería más jabón. En dos o tres veces, con la primera vez igualmente, el pelo cambiará de color y durará durante largo tiempo. También es necesario anotar que, en ocasiones, si al usar susodicho jabón después de que le ennegreciera el pelo lo ha vuelto un poco áspero, cogerá un poco del aceite que sale, con él se suavizará el pelo y lo hará todavía más negro que antes.

Para hacer un aceite de color negro que convierte al pelo negro como verdadero Gaiete permaneciendo largo tiempo y volviéndolo de color de mora, como el color de un cuervo, sin tener que enjabonar la barba ni el pelo para ésto, mas tan solamente peinándolo rendirá a la barba un buen y muy suave olor. CAPITULO. XXX.

Coja vapor del pez y vapor de sangre de pez con la que los Impresores dan el color a su tinta, de cada uno media libra más o menos, de *lapidis gagatis*, que llamamos azabache o del carbón que se hace de los padrenuestros una libra, más o menos, de láu-

---

1. Escultor griego. 480 a.C, 440 a.C. Contemporáneo de Fidias y Policleto, aunque de mayor edad, fue considerado por los antiguos el más versátil e innovador de todos los escultores atenienses.
2. Célebre cortesana de la Antigua Grecia, nacida en Corinto.
3. Decimus magnus Ausonius. Poeta de lengua latina nacido en Bazas, Gironda, hacia el año 309 y que murió hacia el 394 cerca de Burdeos.
4. En la mitología griega, vidente tebano ciego. En la Odisea de Homero, conservaba sus dones proféticos aún en el mundo de las tinieblas, donde Odiseo fue enviado a consultarle. Se decía que Tiresias vivió por siete generaciones y que una vez fue convertido en mujer por haber matado a la hembra de dos serpientes que se apareaban; después de matar al macho, se reconvirtió en hombre.

dano diez onzas. El láudano y el azabache serán bien pulverizados juntos y destilados en un alambique de vidrio a fuego fuerte, porque el fuego entre más fuerte lo pongamos tanto mejor tomará su color negro y adaptará el receptorio: hijo esto lo haces mucho tiempo, no hay que luchar, porque para esto no hay nada. Recibirá el aceite, siendo lo último lo mejor que habrá, y cuando esté totalmente destilado pondrá susodicho aceite en un frasco de vidrio. Debe entender, que a causa de que susodicho aceite tiene una fragancia fuerte y violenta habrá varias personas que no lo encontrarán agradable.

Tomará el pez de una onza o cerca de dicho aceite y el pez de un dracma de buen ámbar gris occidental o de uno fuerte que hay que es negro y muy bueno, pero guárdese de que no pasarse de sofisticado. Derrita y licue el ámbar gris o negro con el aceite a pequeño fuego sobre una estufa, mientras todo se está licuando, lo dejará enfriarse y pondrá, si bien le parece, un poco de almizcle pulverizado. No fuerce por otro medio quitar el violento olor del aceite. Y cuando quiera usar el aceite lo pondrá en un peine hecho de plomo o de ébano y se lo untará con él, peinará el pelo o la barba cuando vos valláis a acostaros. A fin de que penetre antes y más fácilmente calentará el peine y el aceite en una estufa antes de que se cepille. Si esto lo hace dos o tres veces su barba se pondrá del color de un cuervo aunque sea blanca o gris, y cuando vea que la barba ha cambiado de color, la peinará a menudo con el peine de plomo sin untarlo y lucirá un maravilloso color de mora.

Para hacer el aceite que Medea hacía, el cual impregnaba tan súbitamente que tocando el pelo sin parar cambiaba en un instante de color haciéndose negro. Y esto usaba Tulia la hija de Augustus Caesar para la industria, y saber que Asclapon[1], muy antiguo médico, después de la muerte de Cicerón fue a Julia y a Linia, que se caso con Drusus[2], para hacer esta tintura del pelo e hizo que viniera de Asia a Roma para la ocasión. CAPITULO. XXXI.

---

1. Médico natural de Patras que trató al mismísimo Cicerón y a su familia, según relata el propio Cicerón en una carta.
2. Más conocido como Nerón Claudios Caesar Augustus.

Fórmula: *aspaltus Babilonici, ladani, picis pini nigrae, atramentum sepiae,* de *fingulis pondus,* 3.xij, *litodaemonis* en polvo sutilísimo reducido 3. xxj, *fuligo de resina* 3.iij, *roris cyriaci vel cyrenaici,* que es el maná cuando se destila el benjuí, 3 semillas, decocción del aceite en *litargirio* impetuoso 3.iiij. Todo lo mezclará, lo hará como pasta y lo pondrá en una cornue para destilarlo, al principio con fuego impetuoso y al final que no le falte, a fin de que todo lo que está en la cornue destile sin que esté mucho tiempo hay metido. Con el aceite que caerá destilado se aceitará un poco el pelo y verá súbitamente a Néstor[1] convertirse en un Archiloco[2] de una edad perfecta.

A manera de confidencia, es verdad que el aceite tiene un terrible y fuerte aroma pero es más penetrante la tintura del pelo que el olor. Para corregir tan fuerte y penetrante olor le podrá adosar cuando esté destilado el ámbar gris negro, posiblemente usted dirá que no es gris, pero es llamado así porque se encuentra muy a menudo de color negro y no obstante es soberanamente bueno, pero sobre su color, le contaré que esta composición frecuentemente yo la he visto realizarse en la ciudad de Burdeos mayormente de color negro. Le contaré que próximo a la ciudad, a una distancia de la villa de unas seis o siete leguas, cerca de la orilla de la gran mar Oceánica que sube y desciende tres veces en veinticuatro horas, las olas del mar ponen el ámbar gris cerca de la orilla y de allí a menudo los campesinos traen piezas para vender, mismamente yo he visto a los campesinos traerlo y venderlo. Una vez el año mil quinientos treinta y nueve estando en la botica de un hombre rico, boticario y charlatán llamado Léonard Bandon, vino un campesino que portaba dos piezas debajo de un malévolo manto negro y, entre otras cosas, yo declaré que al tener una pieza de tres onzas o algo menos, se parecía propiamente al excremento de algún animal marino, parecía muy redondo y estar desecho en mojón de perro, yo estaba allí con Joannes Tarraga,

---

1. En la leyenda griega, el rey de Pilos en Élide. En la Iliada de Homero aparece como un anciano estadista que entretenía a los guerreros con relatos de sus hazañas juveniles.
2. Probablemente nació alrededor de 680 a.C, en la isla de Paros. Archiloco escribía versos en forma de burla y es considerado el inventor de la poesía jámbica.

Carolus Seninus y el abogado Juan Treilles, quien pensaba que eso era esperma de ballena o hongos, como el Pandectarius[1] afirmaba. Entonces éste campesino, que era de un lugar llamado Castillon, nos afirmó que era el forúnculo de un pez marino y que inmediatamente después del solsticio invernal, que es en Diciembre, estando al lado de la orilla del mar las olas expulsaron fuera del agua éste forúnculo —o lo que sea eso, parece que es grasa porque se funde en el fuego— y estando sobre la tierra, un zorro que venía despacio desde una legua o más, buscó tanto que lo encontró, lo engulló y siguió buscado el resto, por extraño que parezca no lo vomito y lo introdujo dentro de su cuerpo echándolo posteriormente por detrás. Él lo llamó ámbar de zorro, una clase de ámbar gris que no favorece tanto como el que no tocó el zorro pero de color más pálido y más ligero, aunque no es diferente en virtud, olor, ni eficacia al de color gris. El negro es también bueno pero su olor es bastardo en cuanto al gris.

Usted lo consagrará corrigiendo un poco la malicia del olor del aceite sin quitarle nada de su virtud nigromante[2]. Lo licuará un poco con el ámbar negro y lo limpiará con la virtud del aceite negro, la composición no es para toda la gente, mas tan solamente es para personajes reales y heroicos. No quiero en absoluto asegurar que no sea también bueno para otras personas y que otra vez esté prohibido su uso a los hombres, pero es que la tintura del pelo, tanto de la cabeza como de la barba, simplemente decepcionaba a las muchachas que pensaban a menudo cogerlo en París.

Se había esposado Priam[3], pero como nunca habría pensado, esto no fue nunca ni defendido ni observado. Erasistrate[4] amaba a

---

1. Parece que Nostradamus se refiere a la obra, Opus Pandectarum Medicinae, un tratado científico sobre hierbas y sus aplicaciones en tratamientos médicos. Matteo Silvatico, 1285-1342, está ligado a esta obra.
2. Nostradamus escribe en el texto original, nigricante, siendo lo más parecido que hemos encontrado, nigromante, aunque podría querer decir ennegrecedora que encaja más en el contexto.
3. En la mitología griega Príamo, fue en la época de la Guerra de Troya el rey mítico de Troya. Fue el único hijo de Laomedonte y de la ninfa Estrimón, hija del Escamandro.
4. Érasistrate de Céos, conocido como "el infalible", fue un médico clínico experimental y un gran anatomista griego.

la medicina pero mediante su industria no pudo expulsar la rápida vejez, pero oficiosamente él extendió su edad hasta 107 años con honor, gloria, alabanza, y memoria perpetua mediante la clarificación del nombre y de los hechos. El valor por medio de la permutación sutil que hace éste aceite, nosotros no lo conocemos, ni tampoco como se imprime en el pelo empapándolo con su color sin hacer como hacen los humildes o los tintoreros de lana, porque ellos no pueden dar color al paño que es de la misma materia que el pelo sin hervir antes al blanco en sulfato, mezclarlo con fuertes lavativas y hervirlo largamente, pero nuestro aceite, a causa de su untuosidad y negrura, penetra súbitamente y da al pelo el color del aceite, el cual es tan negro que no es posible ver cosa igual en éste mundo. Y todavía tiene más ventajas, ahora pondremos las virtudes que tiene. Éste actúa si a uno o a otro le afectan dos enfermedades, cosa que sé que el ámbar gris no hace.

Hay que saber que para espabilar a una persona que caiga en el mal epiléptico, tan solamente, poniéndole una gota en las fosas nasales rápidamente se despertará, y si se lo toma cuando va a caer, guardaría que no cayera por ésta vez. También tiene otra virtud más grande como la sofocación de la matriz, porque si una mujer cae en espasmo o la matriz la tuvo sofocada, poniéndole un poco en la nariz instantáneamente se despertará. Tanto si la pones una gota o dos sobre el carbón, la sentirá y la quitará de posibles desmayos y si es puesto en las orejas suavemente oirá.

En la oculta filosofía usó de esto Zoroastro[1], pero para lo que lo usaba podría perjudicar a algunos, no a causa de su virtud, pero el que lo usa tiene dolor. Pero será mejor callarlo que manifestarlo y si nuestra institución fuese limpia lo tendríamos declarado, si no todo, en parte. Y en cuanto lo que yo vi en los escritos, algunos parece que lo usaron, por ejemplo Pitágoras parece que veía los presagios del tiempo futuro cuando al usarlo se le aparecía, dentro de un vidrio de agua, cuando un temblor de tierra ocurriría, mediante este aceite, Berosus[2] también presagiaba terremotos que

---

1. 628-551 a.C. *Reformador religioso y profeta iraní, fundador del zoroastrismo y parsismo.*
2. *Bérose o Bérossos, llamdo Bérose el Caldeo, fue un sacerdote Caldean, Astrónomo y también historiador, nacido en Babilonia.*

sucedieron el día prefijado, donde le pusieron una estatua de bronce con la lengua dorada. Yo me callo, no porque sepa completamente la virtud de esto, pero para no transgredir nuestra materia, lo dejaré al juicio de los más sabios. Es mucho mejor haber omitido poner varias bilis de algunos peces, no tan solo por el escándalo que podría resultar para los que engañan, pero por la dificultad de tanta invención, como de su uso, mi juicio serviría poco al efecto sino posibilitara una propiedad oculta o manifiesta por su efecto evidente al poder transformar el pelo o hacerlo aparecer. No es que haya algunas bilis marinas desconocidas por mí, sino que hasta Plinio no las menciona, para Aclianus[1] son desconocidas, Aristóteles las omite, Massarius[2] las deja. Por eso me sería más conveniente no haberlas mencionado, pero para el efecto que nosotros pretendemos, según mi juicio ambiguo, tendría poca ventaja sin las bilis como nosotros hemos experimentado, por ello, pongo que la tinta de las sepias y la púrpura lo aporta, y que encontramos un efecto admirable y maravilloso. Y yo aseguro perplejo que creo lo que Platón en su segundo dialogo de Justo afirma cuando hace mención a anular[3] las *Gygis*[4] sin un testimonio aclaratorio concerniente a lo más próximo a la verdad. Hijo no es que ninguno o los pocos autores que se encuentran no hagan mención de tales casos. Posiblemente a pesar de todas las prohibiciones que tienen hechas por los Decretos todavía se pueden encontrar algunos, pero no se pueden entender tanto por su dificultad, como por la ignorancia de las cartas matemáticas, así como la astronomía y el conocimiento de la astrología que ahora comienza a ser realzada un poco y que tanto tiempo me costo a mi tomarla. Mediante la sabiduría de ésta obtuve fácilmente la oculta filosofía. Evité estar maravillado de porqué los antiguos de Tesalia ponían las bilis, los ojos y la grasa de los pelos marinos, como de otros animales terrestres. Verdadero es que la hiena, el cinocéfalo, el cocodrilo y el hipopótamo, junto a varios otros llegaban a usarlos,

---

1. *Autor de la obra Animalia.*
2. *Del latín Macero. Hieronymus Massarius, médico y autor de diversas obras. Del latín Macero.*
3. *Anulu. Derivado del lat. anulus, anillo. Del lat. vulgar annullare.*
4. *Tipo de aves de la familia de las gaviotas que consta de dos especies.*

y cuando querían hacer aparecer alguna permutación por silbido de orejas aparecía un error. El oído era lo principal y en muchas de nuestras recetas por el impuro lo habíamos puesto, pero hemos conocido cual estiraba la piel a pesar de que volvía la cara de un color natural tan ingenuamente blanco que aunque se acercara cerca de la cara apenas podría discernir, ni dar juicio verdadero de qué edad tenía el personaje que lo portaba, porque el color era totalmente semejante a la piel y al cuero de una muchacha de quince años. Realmente la cara le tirará un poco, pero por otra parte, aparecerá una tan admirable belleza que, si no fuese esto delito, sería para ser nombrado entre todos los más soberanos maquillajes o mezclas que se puedan hacer para dar y ampliar la elegancia de una persona por medio del atavío.

A pesar de las grandes eficacias y magnificencias que he visto y que no me puedo callar, no lo pondré por escrito, porque podría ser que cuando alguien haga esta mezcla la aprecie más que a cualquier otra.

Para ataviarse con el nácar prosopopeya nombrado entre las composiciones de honor y magnificencia para embellecer y emblanquecer la cara, porque la ilustra con un color blanco y natural que mantiene a la persona mucho tiempo como en la adolescencia. CAPITULO. XXXII.

Tome cuatro onzas de fragmentos de nácar, dos onzas de pequeñas porcelanas blancas, media onza de perlas menudas, talco fundido en agua de alumbre consumado, lavado, pulverizado y seco, según la doctrina echará de su pez seis dracmas, treinta granos de plata molida enconcha, todo será mezclado junto, pulverizado sutilmente y molido sobre un mármol durante largo tiempo hasta que todo se haga polvo tan sutil que manejándolo entre los dedos no aparezca ninguna aspereza, como fina harina de trigo. Empapará todo en jugo de limón recientemente extraído y lo pondrá en un vaso de vidrio que esté casi lleno, echará tres libras del jugo, más o menos, y lo cerrará muy bien, lo pondrá en estiércol nueve días y meterá los granos de las olivas después de que el aceite sea extraído, pero procure que no se muevan mucho los granos de las olivas y que estén en estiércol muy caliente. Cuando pasen los nueve días quitará el estiércol y lo hervirá sobre los carbones a pequeño fuego, hasta que de seis partes una sea consumida, luego lo retirará del fuego y lo dejará reposar un poco, como medio día, luego quitará esta primera decocción y la guardará —porque quita las descarnaciones, las lentejas y los males de la cara—, luego tomará el pez de cuatro onzas de cerusa de Venecia, de agua de rosas, de agua de plantaina y de nácar, media libra de cada una, y hervirá en un frasco de vidrio hasta un tercio, luego volcará el agua y lo pondrá en otra hirviéndolo como la primera vez, pero hace falta que se consuma hasta la mitad, luego lo deja reposar por todo un día, después, pondrá todo en un termo de tierra embarnizada. La cerusa cuando vea que está bien seca y se haya consumido y resecado toda el agua, la tomará y la mezclará con el nácar y las otras materias que están juntas, es necesario que estén muy secas. Lo pondrá sobre el mármol para pulverizarlo, lo perfumará con agua de flor de lis, de nenúfar, y de rosas blancas, lo empapará con dichas aguas y lo hervirá hasta la mitad, y luego lo dejará reposar. Y si lo quiere usar, mantenga un poco en un frasco y moje un pequeño trapo blanco muy tibio y póngaselo por toda la cara, le gustará, y verá una cara ilustrada que siendo vieja aparecerá con una perfecta blancura.

También puede usarla con un poco de vino blanco pasándolo por la boca durante un cuarto de hora, empápelo de lo que está en el fondo, que estará seco, y verá una cara tan ingenuamente blanca, que al acercarse a la cara sólo tendría lugar una blancura natural. Si quiere mejor que con la blancura le rinda un esplendor como a Diana[1] o a la Luna, o al cielo purificado y tranquilo, en la decocción ponga una onza de almáciga blanca pulverizada, porque no se puede mezclar hirviendo con el resto, si esto entra allí la decocción se hará muy poco clara, no obstante, será esplendorosa y aparecerá una cara blanca natural.

Una soberana aplicación nocturna para quitar las lentejas de la cara cubriéndolas y destruyéndolas. En una noche estarán todas

---

1. Diosa romana de la naturaleza, los animales y la caza. Como diosa de la fertilidad, era invocada para que ayudara en la concepción y el parto. En la práctica, no se diferenciaba de la diosa griega Artemisa. En Roma era considerada la protectora de las clases bajas, en especial de los esclavos.

desaparecidas sin que nunca más aparezcan, aún teniendo una perpetua residencia en el Sol, anulando las manchas y desapareciendo los fallos manifiestamente. CAPITULO. XXXIII.

Fórmula: coge la raíz de *cucumeris siluatici, radicum lilij, brioniae, asphodili, radicum iarry, radic. alplessera cum corymbis recentibus, bourracis* de nuestra descripción, *ossium dactylorum, amygdalarum amararun, nucleorum persicorum* Añ. 3.vj, *corali albi, farinae fabarum, farinae lupinorum, cristalli, osis sepiae, axungie vitri, salis gemmae, vitis arborec, gipsi, marinoris albissimi, sarcocollae granorum juniperi* Añ.3.j. *cerusae* 3 semillas, hará polvo suave de *mynojaux*, el resto que sea también muy bien pulverizado, mezclado y amasado fuerte con suficiente cantidad de hiel de carne de buey muy reciente, lo amasará casi por todo un día y hará pequeñas píldoras del pez de un dracma. Y cuando lo quiera usar, tomará una de estas píldoras y la pondrá encima de alguna pieza de mármol y la disolverá con un poco de bella miel hasta que sea como un linimento, y en la cama cuando se acueste por la noche se lo untará en la cara muy caliente. Después por la mañana cuando se levante lo cocerá con habas sin corteza y muy limpias, las cuales se romperán o arrugarán. Esto lo hierve en agua hasta la mitad y con éste agua totalmente tibia se lavará la cara y la secará con una esponja mojada de vino blanco y con agua de rosas pasada por la boca. Si no luce nada el Sol, con el agua de rosas al mirarse en un espejo estará asombrado de lo que pasará con sus lentejas, será lo contrario a cuando las quitó y le regresaron mediante el Sol. Continuando y ocupándonos del arte botánico presumo que con ésto de aquí estará conforme. De hecho, estando en la ciudad de Savona a la mujer del señor Bernardo Grasso, que en el presente está viudo, y a la nueva novia del señor Juan Ferlin de Carmagnolle, habitante de Savona, en una sola noche las hizo obra milagrosa. Yo he querido usarlo en algunas de esta tierra pero después dirían que la luz se alojó entre gentes bárbaras, enemigos de la gente de bien e ignorantes que aún ponen poco las buenas letras.

Lo que sigue es un maquillaje para emblanquecer la cara y conservarla largamente bella dándole una palidez y blancura ingenua que, al no durar mucho, sería conveniente hacerla al menos cada cuatro días. Es para gente común y de pocos recursos. Aunque todas las veces yo lo usé en grandes personajes que se alegraban mucho y que lo tenían en tanta estima que, de dicho sublimado, tuve que preparar mucho. CAPITULO. XXXIIII.

Tome de garbanzos blancos sin corteza, de raíz de lis, de la raíz de dos serpentarias, de Almidón, de cerusa de Venecia lavada en agua de rosas a menudo, de jabón de *Gaiete*, de molleja, de almendras dulces peladas, dos onzas de cada uno. Los macerará todos mezclados y los pondrá en un cuenco de tierra nuevo, lo cubrirá con una tapadera de barro cocido nueva y lo meterá al horno para que mientras se cueza el pan. Lo dejará hasta que el pan se cueza y luego lo quitará del horno, quitará todo, lo volverá a poner en un vidrio y tomará de goma Arábica y de goma de dragón una onza de cada uno, de agua de flor de habas y de flor de lis, media libra de cada una, y pondrá las gomas remojándose dentro una noche. Después tomará el pez de seis dracmas de margaritas blancas muy menudas y las pulverizará mucho, las remojará en jugo de limón hasta que estén totalmente fundidas, luego tomará media onza de bórax y todo lo pondrá junto, ahora pondrá las gomas, si es posible ponerlas en polvo suave sería mejor. Tomará nuestra pomada hecha según nuestra descripción y mezclará todo en un mortero de mármol poniendo un poco del mucílago hecho de raíz de malvas blancas, de agua de rosas y de agua de néctar. Lo incorporará todo muy bien como si fuera un linimento y, por la tarde, cuando se valla a dormir, se untará la cara estando muy caliente o tibio y lo dejará hasta por la mañana. Se lavará la cara por la mañana con agua y cuando se lo quite, hervirá fresnos o habas despellejadas, se lo untará y luego con una esponja mojada de agua de rosas se lavará la cara secándola con ella misma para que no haya ninguna cosa que tirar a causa de las gomas que, aún que rápidamente se resecan, darán a la cara un ingenuo esplendor digno de mirar. Es necesario sobre todo que la goma Arábica sea muy blanca y más la goma de dragón, pero así puestas como en la obra, la noche preparará la cara y por la mañana una vieja parecerá joven.

Fin del primer libro.

Al maestro Juan de Nostredame procurador de la Corte del Parlamento de Aix en Provenza, el médico Michel de Nostredame le envía salud y felicidad.

Para satisfacer el cariño y el afecto de varias personas gentiles e igualmente al sexo femenino que continuamente está codicioso de saber y entender cosas heredadas, así como de valorar los gabinetes para ver varias clases de confituras de cualquier forma y, mismamente, para un número infinito de damas y otras que se alojan en los campos con magnificencia suntuosa y la abundancia más opulenta de todos los lugares de este mundo. Para la total recreación del cuerpo humano y su perfecta conservación sin salir todas las veces fuera de sus límites, pero tampoco quedándose solamente con adquirir un ocular y poca estima. Para saber conservar algunos frutos en una perpetua duración, cambiando solamente la forma y cualidad, destruyendo el sabor extraño y diferente que aliena el sabor natural de la boca haciéndole adquirir mediante el agua, una dulzura que hace desaparecer su amargura natural sin conservar ni una poca, porque mediante la miel o el azúcar recibirán lo que se pretende dar. El azúcar o la miel está puesta solamente para darle dulzura pero también para conservarlos una larga temporada, porque si se quiere guardar los frutos que recogemos en los jardines así como eran, podremos guardarlos largamente sin corrupción o alteración. Unos comparten una superflua humedad, los otros sequedad y necesitan humor[1], pero mediante su confitura se preservan de corrupción y adquieren una dulzura sabrosa. Esto es necesario porque el cuerpo humano está más sustentado de licores que de carne y, diré que, viendo a varias personas que igualmente vivían en los campos con abundancia de todos los frutos y que tenían abejas para que continuamente trabajaran la miel o, si no tenían miel, tenían abundante mosto, con lo cual, pueden usarlo tan fácilmente cómo si hubiera azúcar o miel así como nosotros pusimos por escrito.

---

1. Se creía que los cuatro elementos básicos agua, aire, fuego, tierra, correspondían a los cuatro tipos de líquidos o humores que se encuentra en el cuerpo: flema, sangre, bilis amarilla y bilis negra. También que los elementos y los humores compartían ciertas propiedades como: frío y húmedo, caliente y húmedo, caliente y seca, fría y seca.

Nosotros podemos fácilmente hacer una confitura tan buena y de tal eficacia como esas que portan azúcar fina, la confitura podría estar bien, no será tan delicada como si fuera hecha con azúcar, pero muchas veces tenemos más estima a una confitura que se hace en casa y que será poco usada, que a una semejante que viene de la región de levante o de Valencia en España, que obtiene en el presente el clamor y reputación de todas las buenas confituras.

Sí, es verdad que las de la notable ciudad de Génova y la ciudad sin igual de Venecia no son nada agradables. Respecto a esto en otras cosas las comparaciones serían odiosas. Yo he visto a menudo en varias clases de confituras que las vasijas y condituras eran de Valencia y hablando claramente eran totalmente excelentes, mas ellos tienen el azúcar mejor tomada que nosotros y también son más prácticos en la factura y la obra del azúcar que los del país Galo. También diré que después de que las confituras que quieren hacer terminan de chupar su azúcar y de que toda la humedad se consuma, ellos quitan ésta azúcar que se ha ennegrecido por la frecuente ebullición, la quitan del todo y la ponen muy bella, esto causa que sus confituras sean hechas con excelencia.

Queriendo también aliviar a los que continuamente son citados que posiblemente piensan saber mucho y que muy a menudo son engañados, les diré que si les gustara en las horas perdidas hacer un poco de esto, ellos encontrarían recompensa y no se arrepentirán de haberlo aceptado.

Serán también varios los personajes que no encontrarán al boticario ni al tendero presto para hacerles un poco de confitura y, a menudo, lo dejarán entre las manos de algún maestro o servidor joven de los que piensa saber mucho pero que casi siempre no sabe nada, estropea la confitura, quema el azúcar o la miel, forzándose a realizar la confitura mal. Y para zanjar tales inconvenientes que muy a menudo suceden, pero que serán exiguos, leyendo bien cuidadosamente esto, verá el lugar o la confitura que usted quiera hacer, haciéndola muy bien y diferente. Si la realiza como la verá aquí comentada por escrito, aquello que traen a Francia desde las Españas o desde las Italias, no lo encontrará en absoluto diferente en benignidad o en belleza, pero si se pasa o quiere ahorrar azúcar, su confitura tendrá sabor, pero para recrear tanto a la oreja como a la boca esto no se puede hacer, es como cuando hace la ensalada y no escatima en añadirla aceite, de igual manera en la confitura el azúcar no debe ser escatimada. Entonces, cuando hagáis un poco de confitura será hermosa, lucirá belleza aumentando la bondad y el sabor. Para quien no le guste hacerlo así o para quien no pueda poner azúcar ni miel en la operación, inferiremos como hacer un licor que los notables y antiguos romanos usaban y que lo llamaban *defrutum*[1], que era mosto cocido en forma de miel, sin ningún tipo de adición de éste mundo. Ellos tenían poder grande e inestimable si usaban el licor que provenía del trabajo de sus campos cultivados, así como más plenamente recuenta Marcus Varro[2] y Fundaniam[3] su mujer. Será muy posible que alguna persona cuando sea el tiempo de vendimias quiera hacer de éste *Defrutum* para guardarlo durante el nuevo año en lugar de hacer azúcar o miel. Serán varios los que les gustará más una confitura hecha de *defrutum* que con miel.

Concluyendo señores *librancistas*[4] a quienes una de las facultades del arte les es conocida, a mi no se me cortará. He querido ponerlo en nuestra lengua para que lo conozcan los que no tienen conocimiento de medicina ni son miembros de ella y para varios que se alejan de los que ignoran totalmente el modo de conservar sus frutos por su composición, y si algunos se encuentran enojados habrá un mayor número a los que les agrade.

---

1. El principal uso culinario de defrutum fue para ayudar a preservar y endulzar vino, pero también se añadía a las frutas y platos de carne como agente edulcorante para mejorar el sabor.
2. Marcus Terentius Varro, 116-27 a.C. Fue un polígrafo, militar y funcionario romano.
3. Fundania, esposa de Marcus Varro.
4. Orden de pago que se da contra una persona que tiene fondos disponibles y que no precisa aceptación. En el escrito original lo encontraremos como, Latrice, que literalmente en italiano se traduce como: portador, dador, tenedor, librancista.

La segunda parte contiene el modo y la manera de hacer todas las confituras líquidas, tanto de azúcar, de miel o como de vino cocido, junto a dos modos de hacer el jarabe de pétalos de rosa laxativo y para hacer el azúcar cristalizada, penites[1] y turrones de España.

Primero para confitar la corteza o la pulpa del limón con el azúcar.

CAPITULO. I.

Usted cogerá el limón entero y según la gordura que tenga haréis seis o siete partes a lo largo, que por lo menos cada trozo tenga dos dedos de largo, cuando todas las piezas estén cortadas, las hará al lado de un barreño de tierra o alguna otra vajilla que esté llena de agua, tomará sus trozos, separará la corteza de la carne sin que la corteza sea más espesa que esto, pero hace falta que sea de la longitud del limón más o menos. La echará dentro de susodicho barreño, pero por favor confite la carne, también es necesario que sea más espesa y muy limpiada, —para no poner mal la semilla ni el zumo—. Quitará éste agua y pondrá otra fresca, pondrá un puñado de sal y la dejará dos días. Al cabo de los dos días cambiará el agua y la refrescará con otras dos o tres, luego volverá a poner otra agua y lo dejará todo el día. Cada mañana cambiará el agua durante nueve días renovándola todos los días y, al noveno, la hervirá sobre el fuego. La primera vez la hervirá poco y hará hervir otra agua, hiérvala hasta que vea que con un alfiler lo perfora fácilmente. Mas ya le avisé a usted, que si hierve la carne con la corteza hace falta que le quite la carne en la primera decocción porque sino se cocería demasiado, cuando todo esté bien cocido, mejor que este firme que demasiado cocido, lo quitará del fuego y con una cuchara perforada lo pondrá a escurrir sobre un trapo blanco para que se seque, pero trátelo con suavidad que no se despedace, y cuando vea que está seco y frío, cogerá lo que bien le parezca de azúcar, por cada dos libras de corteza o de carne pondréis una libra de azúcar. La azúcar debe ser bella si quiere hacer alguna amada y buena confitura, luego fundirá el azúcar

---

1. *Palos o trozos de azúcar que fueron utilizados con frecuencia en las preparaciones médicas.*

con agua, según la proporción del azúcar así pondrá el agua. Si el azúcar es bella no le hará falta clarificarla en absoluto. Hervirá susodicha azúcar o miel hasta obtener la forma de un jarabe bien cocido guardándose de no quemarlo, porque si alguien no está ejercitado un poco en la manera de hacerlo, se quemará. Cuando el azúcar esté cocida como jarabe lo dejará enfriarse, cuando esté frío pondrá el azúcar en un vaso y meterá la corteza, lo dejará hasta el día siguiente y verá que la corteza o la carne expulsa la humedad que tenía el azúcar. Mientras la azúcar se encuentra húmeda, como jarabe lleno de acuosidad, entonces hervirá el azúcar sin la corteza hasta que tenga forma de jarabe bien cocido y lo dejará enfriarse, después de que esté frío, lo volverá a poner en el vaso donde está la corteza y lo dejará tres días. Al cabo de los tres días lo volverá a cocer si es necesario haciendo lo mismo que antes y, pasado un mes, decidirá si va bien.

Señalar que si lo pone en un vaso de vidrio tendrá una decocción perfecta porque la guardará largamente y si lo pone en un vaso de tierra, la decocción hecha con la azúcar o la miel será más verde y más húmeda, esto es así porque la tierra para embarnizar que está en el vaso se consume continuamente y eso no lo hace el vidrio. El modo de cocer el azúcar en esta confitura es semejante en todas las otras. Quien quiera confitar las naranjas o las cortezas de limones con azúcar debería hacerlo como he declarado con los limones, pero quien quiera hacerlo con miel o con vino cocido, tendrá que proceder de otro modo que verá en otro lugar descripto.

Para confitar la carne de las courdes[1] que llamamos cucurbitáceas o calabaza, que es una confitura refrigerativa de buen gusto y que refresca. CAPITULO. II.

Coja las *calabazas* más duras, largas o redondas de las comunes, mismamente las que se guardan para grano o semilla. Recójalas mientras que estemos a mediados de otoño porque en otro mes no serán mejores. Divida la *calabaza* en tantas piezas como bien le parezca y quite la dura corteza porque no le servirá de nada. To-

---

1. *Courdes, perteneciente a una familia de plantas de tallo sarmentoso, hojas sencillas y alternas, flores unisexuales y fruto carnoso, como la calabaza y el melón.*

me la carne más dura y espesa, que por lo menos tenga el espesor y el grosor como para que sean cortadas piezas de cuatro dedos de ancho y de cinco dedos de largo. Lo pondrá en un barreño embarnizado y hará una cama de sal y una cama de trozos. Pulverice bien la sal y cuando esté bien salado, lo dejará por tres o cuatro días, la sal lo pondrá firme y por otra parte atraerá la humedad superflua que está en el *calabaza* y cuando reciba el azúcar la tomará más fácilmente y se rendirá más firme y sabrosa. No obstante, es necesario que no lo sienta salado porque se estropearía todo. Y cuando pase estos tres días dentro de la sal, quitará la sal y la lavará con diez o doce aguas, hasta que al gusto no se sienta la sal, hervirá sus trozos con bella agua totalmente clara y cuando haya hervido un poco volverá a echar esa agua, a fin de que si había quedado sal dentro como por medio del lavamiento no ha salido, mediante la ligera ebullición sea expulsada, luego lo hierve en otra agua clara hasta que al perforarlo con un alfiler entre fácil y rápidamente, cuando los trozos estén cocidos lo quitará del fuego y lo pondrá en agua fría tomándolo con una cuchara perforada y lo dejará enfriarse en susodicha agua fría, porque el agua tan fresca volverá a la carne más firme. Cuando estén del todo fríos los secará sobre un trapo blanco, bien blanco, porque si se le quiere poner el azúcar sin estar seco la humedad será tan grande que la confitura no la verá acabada en largo tiempo. Cuando esté bien seca tomará azúcar según la proporción de los trozos, que sea bella azúcar, y lo derretirá con agua poniendo tanto de azúcar como de agua, esto lo hace comúnmente. Luego cocerá el azúcar en forma de jarabe y cuando se enfríe pondrá susodicha azúcar en el jarabe con los trozos que estarán dentro de algún vaso y, al día siguiente, mirará su confitura y hervirá susodicha azúcar sin trozos —porque si falla en cocer los trozos o cualquier confitura con el azúcar o la miel, la confitura se endurecería tanto como el cuero— hasta que adquiera forma de jarabe. Cuando se haya enfriado lo volverá a poner con sus trozos y a la tercera o cuarta vez cuando vea que los trozos no sueltan más humedad y mirándolos a la luz los vea claros y diáfanos, los quitará del jarabe y los pondrá en una cama hecha de alguna bella azúcar en polvo y de los trozos, dejándolo secar. Entonces los trozos tendrán una corteza blanca de azúcar y por dentro serán húmedos dando un gusto suave.

Esta confitura es buena para comer, de hecho, actúa como medicina refrigerativa debido a su suavidad y al mitigar el calor exuberante del corazón y del hígado.

Para confitar la corteza de naranja con azúcar o en miel, que es buena por excelencia. CAPITULO. III.

Tome naranjas y córtelas en cuatro o seis trozos, por lo menos ponga cuatro. Quitará lo de dentro sin que quede corteza para que la carne, el jugo y el grano salgan, luego tomará las cortezas y las remojará en buena agua clara, pondrá por primera vez un buen puñado de sal, porque la sal se llevará la amargura superflua que tienen las naranjas y dejará las cortezas durante 24 horas. Después cambiará el agua y volverá a poner otra, cambiándola cada día durante nueve días, pasados los nueve días lo hervirá con agua de fuente buena hasta que un alfiler entre fácilmente, y cuando vea que el alfiler se introduce dentro de la corteza ligeramente, entonces lo quitará del fuego y lo tomará con una cuchara perforada para ponerlo dentro de agua fría, y cuando esté frío, lo dejará secar un poco encima de un trapo blanco hasta que se seque. Seguidamente póngalo en uno vaso de vidrio o de tierra que esté lleno de las cortezas y tome dos o tres libras de azúcar, según el tamaño del vaso. Si el azúcar es bella no hará falta clarificarla pero lo fundirá en tanta agua como azúcar y cuando esté fundido, lo cuece como se cuece un jarabe cocido por primera vez, luego lo quitará del fuego, lo dejará enfriarse y cuando esté frío, le pondrá dentro las cortezas remojándolas bien en susodicho jarabe. Al día siguiente pondrá susodicho jarabe en una olla sin las cortezas y lo hervirá hasta que se cueza como antes hizo y lo dejará enfriarse, luego lo volverá a poner en el vaso donde está la cáscara de naranja durante tres días. Al cabo de tres días lo cocerá como antes y cuando vea que el jarabe está cocido, echará dentro las cortezas y las hervirá cinco o seis ebulliciones sin pasarse demasiado para que no se endurezcan, después las quitará del fuego y las dejará enfriarse, luego volverá a poner todo en el vaso y no lo moverá en un mes.

Si al cabo de un mes ve que es necesario volver a cocerlo, lo hace, y si no lo deja así como está. Si quiere, después de que todo esté bien cocido ponga dentro canela y clavo y hará una confitura perfecta. Y si quiere hacerlo con miel tome la cantidad de miel que quiera y la pone en una olla, fúndala hasta que toda la espuma suba y cuando vea que toda la espuma está en la parte superior déjela reposar hasta que se enfríe, luego con una espumadera o cuchara perforada quite toda la espuma que está por arriba. La miel bien despumada la pondrá dentro de las naranjas y usará como sea dicho el azúcar.

Para confitar naranjas que se puedan comer pasado un día como si hubieran estado a remojo quince días. CAPITULO. IIII.

Tome las cortezas de naranjas y sin tardar las hierve en agua clara con un buen puñado de sal, la cantidad de sal será según la de cortezas, hiérvalo hasta que vea que el agua es amarilla, luego echará el agua y después lo lavará con cinco o seis más, no obstante sin macerar, ni romper, y cuando estén bien lavadas, las probará con la lengua para ver si siente el punto de sal, y entonces lo hervirá con agua clara hasta que entre fácilmente con alfileres, lo quitará del fuego y lo pondrá en agua fría y volverá a probar si tienen el punto de sal, y si lo tienen, lo lavará con mucha agua hasta que el gusto salado desaparezca. Entonces tomará sus cortezas y las pondrá encima de un trapo muy blanco y las secara lo mejor que pueda, cuando estén secas tomará la cantidad de azúcar o de miel según las cortezas y lo derretirá y cocerá con perfección, luego pondrá las cortezas a hervir un poco y las quitará del fuego volviéndolas a poner en su vaso hasta llenarlo. Si ve que el azúcar o la miel están acuosas las cocerá al cabo de cinco o seis días, porque si el azúcar o la miel no están cocidas a la perfección, la confitura se corromperá, pero si al primer día secan muy bien las cortezas y la miel o el azúcar están bien cocidas, desde el primer día estarán buenas tanto como si hubieran sido hechas tres meses antes.

Verdad es que cuanto más permanezca hecha la confitura mejor se hará y será más amigable, porque la amargura natural de las naranjas se suavizará siendo mejor y más deleitosa a la boca por el largo tiempo que pasará junto al azúcar o la miel.

Para confitar la nuez u otra confitura sin miel o sin azúcar y que más o menos sea tan buena como con azúcar y mejor que con miel. Toda confitura se puede hacer sin tener azúcar o miel. CAPITULO. V.

En varias y diversas regiones del mundo puede haber falta o abundancia de las cosas que la naturaleza nos produce para alimentarnos y socorrernos tanto para nuestra vida como para nuestro deleite, y es que, mientras en algunos países abunda la azúcar en otros hay gran penuria, y si en una región hay abundancia de miel, el azúcar es cara por eso. En otros lugares no se puede comprar ni azúcar ni miel, pero el soberano Sol produce y alimenta otros frutos, que adaptándolos, cambiándolos su forma y cualidad por disminución de uno y por aumento del otro, satisfacemos nuestros deseos sensuales, así como esos que a falta de vino componen ciertos licores combinados que para ellos sirven como vino, distando poco en el sabor, olor, cualidad y suavidad. Por lo tanto, cuando el azúcar o la miel no se puedan encontrar o cuando el número de personas que pueden proporcionarla sea escaso, aún serán capaces de hacer todo tipo de conservas en forma líquida utilizando el método que sigue.

El sabor y bondad no será menor que usando azúcar. Verdad es que no tendrán igual suavidad como las que llevan azúcar, pero en cuanto a la miel la sobrepasarán.

Para hacer el vino cocido que Marcus Varro denomina Defrutum y hacer confituras en forma líquida. CAPITULO. VI.

Coja en tiempo de vendimias del mosto de alguna viña vieja con las mejores uvas que pueda haber y tome de dicho mosto la cantidad que quiera y lo hierve en una gran caldera, cuando comience a hervir sin parar o hacer espuma con una cuchara perforada o una espumadera quitará toda la espuma de la parte superior mientras hierve, siempre haciendo buen fuego, debe hervir hasta que cuatro partes, tres o más sean consumidas y adquiera la forma de un jarabe *verdelet*[1], es decir mal cocido. Entonces lo reti-

---

1. *En demonología se dice que es un demonio del segundo orden, y Maestro de ceremonias del infierno. También se le conoce como Amo Persil, y su función es transportar a las brujas en el Sabbat. Pero en términos culinario se refiera a un tipo de vino muy joven, un poco ácido.*

rará del fuego y lo colará, lo pasará por una tela de lino o por un tamiz o saco que use para pasar la harina. Verá que queda un poco espeso en el fondo, cuélelo todo y guárdelo dentro de un vaso de vidrio o de tierra bien embarnizado.

Para confitar nueces con este vino cocido coja nueces verdes y espúmelas muy bien todo lo que quiera, y cuando estén bien espumadas, las pondrá a remojo en agua durante nueve días, renovándosela cada día, y al cabo de los nueve días las hierve hasta que estén blandas y que se perforen fácilmente con un alfiler, cuando hayan hervido lo justo, las quitará del fuego y las pondrá en un bello trapo blanco seco, cuando estén medio secas pondrá a cada nuez un trozo de canela y dos clavos de especia, más o menos, entre más le ponga las hará mejores. Después cuando todas las nueces estén bien rellenadas de canela y clavos, las pondrá en un vaso de vidrio o de barro, luego tomará el vino cocido y rellenará el vaso o la vasija donde estén las nueces, lo dejará por tres días, y al cabo de tres días cogerá el vino cocido que está dentro del vaso y lo cocerá en una olla hasta que tenga la misma forma que tenía antes cuando lo puso todo, porque la humedad que estaba en las nueces a licuado el vino cocido que Marcus Varro llamaba *defrutum*, y cuando haya cocido por dos o tres veces vuestro *defrutum* lo dejará un poco verde porque siempre se seca y porque si está demasiado cocido se cristalizará todo aunque esté en un vaso de vidrio.

Y de éste modo y manera hará todas las confituras con éste *Defrutum* o vino cocido, el cual, también sirve para varios otros condimentos o salsas que se hacen diariamente en las casas, pero no se puede hacer nada más que una vez el año. Y señalar, que si el mosto ha sido preparado en medio día o en un día entero, no valdría nada, mismamente hace falta que sean exprimidas las uvas golpe a golpe y que estén en una hora en el caldero sobre el fuego, porque sino pasaría lo contrario, ya que, si permanece menos tiempo sin ponerlo a cocer, el vino cocido no tendría su sabor ni dulzura y tendría un sabor agrio como el vino purificado y viejo. Por eso, es necesario que sin demora sea extraído y hervido.

Para guardarlo dentro de un vaso de vidrio o de tierra embarnizado. Para guardarlo bien como hacían los antiguos del siglo

Romano que lo dejaban —antes de la invención del vidrio— dentro de vasijas de tierra, hágalo de la manera siguiente: Tome una gran o pequeña vasija de tierra o una olla que no esté aún embarnizada, tomará el pez de un poco de sebo de candela y pondrá susodicho pez del sebo en susodicha vasija u olla, la pondrá sobre el fuego y usará estopas, a modo de palo introduciéndolas hasta el fondo, girará la vasija de un lado y de otro hasta que esté totalmente recubierta, cocerá bien el pez del sebo casi quemándolo, a fin de que esté se funda, y moverá la vasija de un lado a otro para que esté bien empapada en susodicho pez. Debe saber que para una vasija que tenga capacidad para veinticinco libras hay que hacer cuatro onzas de pez y una onza de sebo para embarnizarlo bien.

Cuando la vasija por dentro esté con el pez bien emplastada podrá poner el *defrutum* o el aceite tal como le plazca. Guárdese sólo de que lo que ponga no salga hacia fuera, porque tendría mucha agua, y también de que cuando ponga el aceite en los vasos nunca derrame lágrimas ni brote ninguna por la parte exterior que aceita y no ponga tampoco ningún otro licor penetrante, sólo así guardará su *defrutum* o vino cocido durante una larga temporada con toda su integridad.

Si quiere hacer alguna otra confitura, la encontrará tan buena y laudable haciéndola de vino cocido como haciéndola de azúcar, esto no incluye las otras comodidades de casa que le sirvan para hacerlo una vez al año.

En alguna región de Francia lo consumen tanto en forma sólida como de membrillo y lo llaman resina, pero no sirve para hacer algunos condimentos o las salsas que usan los cocineros, ésta decocción no tiene forma sólida, mas bien, tiene forma líquida, además se debe hacer como el mosto, más clara y nítida sin poner granos ni nada sólo poniendo el mosto, eso sí, se ha de hacer igualmente en una hora porque de otro modo no se debe realizar.

Para hacer lechugas confitadas de azúcar.
CAPITULO. VII.

Tome las lechugas cuando son semilla, coja toda la planta o el tallo y pélalo muy bien. Sin coger otra cosa lo mueles fuerte, que sea del grosor y de la longitud del dedo índice, hiérvalo con agua de fuente hasta que estén un poco ablandadas y cuando pueda penetrar con un alfiler fácilmente las quitará del fuego y las cogerá con una cuchara perforada, las pondrá dentro de agua fría para fortalecerlas un poco y cuando estén enfriadas, las escurrirá el agua sobre un trapo blanco. Cuando sean poco a poco secadas póngalas en un vaso de vidrio o de tierra embarnizado dejando escurrir el agua un poco. Después tome tres libras de azúcar, o mejor, sopese las lechugas y funda susodicha azúcar con lo mismo de agua, poco o menos. Esto no tendrá efecto si el azúcar no es blanca o no está recién cristalizada, usted lo clarificará así.

Modo para clarificar la azúcar cristalizada o la azúcar que está negra o estropeada. Esto es válido tanto para la presente confitura como para todas las otras.

Usted tomará la cantidad de azúcar que quiera y la derretirá en agua, según la cantidad de azúcar pondrá el agua. Lo pondrá sobre el fuego y mientras que está sobre el fuego calentándose para hervir tomará dos onzas y echará agua en otra vajilla o cazuela, la cantidad del agua será de dos pintas o una y media, o bien tres libras del pez. Pondrá dos claras de huevos y un poco de vino agrio blanco, como tres dracmas del pez y lo pondrá en el agua con la clara de huevo, luego tomará un pequeño palo largo y derecho de aliso y en una de las puntas pondrá el junco de esparto, de ese con el que se hacen los cestos para los higos o alguna otra rama, y lo secará. Luego bata continuamente el agua o el vino agrio y las claras de huevos hasta que cree una espuma blanca arriba, tomará la espuma con la rama y la echará dentro de la cazuela donde está el azúcar que continuamente hervimos, y cuando vea que el azúcar hirviendo sube hacia arriba volverá a echar la espuma, tanta como tenga, y cuando el azúcar que hierva ennegrezca la espuma quitará toda la espuma que flota por la parte superior del azúcar y la echará fuera sin parar de hervir. Después con un paño de lana blanca totalmente empapado en agua fría pondrá un cuarto de clavado y lo colará gentilmente en otro vaso hirviéndolo hasta su perfección. Lo cocerá como jarabe para que los tallos de la lechuga obtengan la misma humedad y cuando esté cocido lo dejará enfriarse, cuando esté frío, entonces lo pondrá en le vaso donde están las lechugas, después sumerja y hunda las lechugas en azúcar durante dos días y luego volverá a hervir el azúcar aparte sin las lechugas, porque es necesario que no las quitemos del vaso donde están, y cuando el azúcar esté cocida más que antes lo dejará enfriarse, luego volverá aponer dentro las lechugas y al pasar seis días volverá a hervir el azúcar hasta su perfección. Cuando esté cocido volcará dentro las lechugas y lo hervirá dos o tres ebulliciones. Todo lo volverá a juntar en su vaso dejándolo abierto hasta que se enfríe, luego lo cubrirá muy bien y lo apretará y, así, hará vuestra confitura a la perfección.

En tiempo de grandes y violentos calores es una confitura que refresca las partes del cuerpo elevadas aquejadas con fiebre terciaria, continua, o alguna otra alteración extraña. La persona que lo toma se encuentra ampliamente alegre y de noche cuando la aflora la sed, se la quita rápidamente permitiendo al enfermo conciliar el sueño.

Para hacer una confitura de cerezas o guindas llamada por los italianos *amarenes*[1] que da atavíos tan bellos y soberanos como es posible en el mundo. Aún siendo hechas hace un año parecen ser del mismo día y son de un gusto supremo. CAPITULO. VIII.

Tome de las cerezas más bellas que pueda encontrar y que estén bien marchitas —porque si no están bien marchitas en la cocción final no saldrán los huesos ni la corteza— y las cortará un poco los rabos si ve son demasiado largos, tomará el pez de tres libras, más o menos, luego tomará una libra y media de azúcar y derretirá dentro del jugo de las otras cerezas, el pez de tres o cuatro libras. Esté atento, que muy rápidamente el jugo será extraído, velozmente lo pondrá sobre el azúcar y sobre el fuego. Que el azúcar no se funda con otro licor que no sea el jugo. Lo hervirá lo más pronto que le sea posible, cuando hierva, quite toda la espuma que sobresalga hasta que vea que el azúcar es roja como la que se fue y que sea purificada del todo, entonces rápidamente sin quitarlo del fuego ni perder su ebullición, pondrá las cerezas sin removerlo ni mucho ni poco hasta su perfección. Siempre quitará la espuma que está en la parte superior con una espátula. No ol-

---

1. La amarena es una fruta del sur de Italia muy utilizada en pastelería, es semejante a la frambuesa pero más ácida.

vide quitarlo del fuego que sino no le dará su perfecta cocción y tendrá que volverlo ha repetir.

Pose una gota encima de un plato de estaño y si ve que la gota no cae, entonces estará cocido. Cuando vea que la cocción está perfecta rápidamente la pondrá muy caliente en pequeños vasos, cada uno de tres o cuatro onzas. Así sus bellas cerezas se conservarán largo tiempo duras, bermejas, enteras y con un gusto maravilloso.

He estado en varias y diversas regiones del mundo con unos y otros que lo hacían, tanto de una forma como de otra, pero si yo quisiera escribir todo lo que he visto no tendría bastante papel. Yo creía que en el país de Italia lo hacían de forma más soberana, pero estando en éste lugar, por lo menos lo que yo he visto, ellos lo usaban muy golfamente. He visto el modo de hacerlo de Toulouse, de varios de Burdeos, de la Rochelle, de todo el país de Guyenne y Languedoc, de toda Provenza, de Delfinado, del Lionés, pero nunca he encontrado ninguna con más belleza ni mejor que esta de aquí.

En Toulouse, en Burdeos y por toda Agenois lo cuecen y lo recuecen cuatro o cinco veces y, al final, cuando pasan cinco o seis meses se estropean, se pudren y algunas se secan, y es que en realidad no hace falta otro licor que no sea el jugo de dichas cerezas porque las aumenta la bondad, el espesor y el gusto. Cuando un enfermo toma una cree que es un bálsamo o un restaurador. También le comento que al cabo de un año están semejantes al primer día que fueron hechas.

Para hacer gelatina de cerezas tan clara y bermeja como un fino rubí, de una bondad, sabor y virtud excelente. Las cerezas se conservarán largamente en perfección sin agregar nada más que el fruto. Son para presentar delante de un Rey por su excelencia suprema. CAPITULO. IX.

Tome la cantidad que quiera de las más bellas y más maduras cerezas que se puedan encontrar, quítelas el rabo y colóquelas sobre un tamiz o saco de pasar la harina. Ponga debajo un barreño de tierra, no es necesario que el vaso donde caiga lo que cuele sea de cobre, arena, ni estaño, porque tales vasos corromperían la bondad y el color del jugo. Dentro del vaso ten azúcar pulverizada según la cantidad que quiera hacer porque es necesario que el azúcar esté allí, porque si el jugo cae en el barreño únicamente se cambiaría, se congelaría y no valdría nada, pero si toma el azúcar adquirirá su sabor y su color. Cuando todo haya sido colado bien permaneciendo sólo los huesos y las cortezas, usted meterá todo en una cazuela sobre el fuego y lo hervirá, y rápidamente cuando comience a subirla espuma, la quitará totalmente con una cuchara perforada hasta que no quede nada de ella. Me gustaría señalar que para hacer una gelatina bella y buena con toda perfección, es necesario poner una pequeña cantidad de azúcar y gran abundancia de jugo de cerezas, a fin de que ellas se congelen más fácilmente. Luego las cocerá a pequeño fuego de carbón procurando que el fuego esté siempre en medio de la cazuela para que no se queme, cuézalo lo justo.

Hay que saber que cuando coja un poco con una espátula o una cuchara de plata y lo ponga sobre un cuadrete u otro vaso de estaño, si lo mantiene dando vueltas sin derramarse nada, entonces se cocerá, pero cuide que no se cueza en exceso, porque vale más que la gelatina esté un poco verde que demasiado cocida porque en la conserva el azúcar lo reseca. Cuando esté cocida la pondrá dentro de pequeños vasos de vidrio bajos que no sean profundos y los dejará enfriarse, si después lo mira a la claridad del sol, donde hay luz, lo encontrará tan bello como un rubí. Si se lo pone en la boca le dará un gusto sin igual y un sabor tan amigable como ninguna otra confitura que haya probado. Pero si las cerezas no son maduras y nada verdes, será tan agria, que le causará estupefacción a los dientes y en lugar de ser confitura amistosa, se rendirá insípida. Puede dársela por supuesto a algún Príncipe, a un gran Señor o a otro cuando se quejen de calor o alteración extraña.

Encontrará la confitura cordial y deliciosa y sin fallos si la hace como yo le he puesto por escrito e indudablemente hará una gelatina perfecta.

Otro modo para hacer gelatina de cerezas que es más delicada que la primera, pero más cara y para grandes señores. CAPITULO. X.

Tome azúcar bella y la pone en polvo gruesamente, la pondrá dentro de una cazuela con el pez de dos libras y luego cogerá el pez de seis o siete libras de ciruelas sin el rabo, las romperá y arrugará fuertemente con las manos bien limpias y las pondrá en la cazuela donde está el azúcar, lo pondrá sobre el fuego a hervir hasta la mitad removiéndolo con un palo limpio y, cuando hayan hervido, las colará a través de un trapo bien tupido y nítido. Lo exprimirá un poco y cogerá lo que ha colado para hervirlo en otra cazuela a pequeño fuego mirando continuamente si está cociendo porque se reducirá mucho. Lo cogerá con la espátula o la cuchara de plata fijándose que esté cocido.

Guárdese de poner fuego en exceso ni violento porque se derramaría por la parte superior o se quemaría. Cuando esté cocido al poner una gota sobre un mármol la gota presentará firmeza y redondez sin derramarse nada y si la pone sobre una pieza de estaño o sobre un cuchillo la verá tan bermeja como un perfecto vino clarete.

Cuando esté cocido lo pondrá dentro de pequeños vasos de vidrio o de madera de la misma forma que se pone la gelatina de membrillos. Y cuando su gelatina de cerezas esté enfriada y prensada tendrá una forma y clase de gelatina que será imposible hacerla mejor, ni con más excelente belleza y bondad. Verdaderamente esta es más delicada y magnífica que la primera pero ambas no tienen nada a despreciar, y cuando haya frecuentado todo el mundo habiendo experimentado todos los modos y maneras que haya podido ver, o por informe de otros o por continua y larga experiencia, no sabrá hacer nada más excelente.

Si este pequeño tratado cae en manos de alguien posiblemente sabrá hacerlo bien si no tiene como costumbre hablar mal, ni vitupera sobre qué modo es el más soberano de hacerlo. No tan solamente en ésta receta, sino en todas las que hay comprendidas aquí.

Yo protesto porque todo lo que he escrito lo he hecho o lo he mandado hacer la mayor parte bajo mi presencia. Es verdad que en los aceites que están en el primer libro, la cantidad de ámbar no estaba completa, pero todas las confituras arriba escritas y todas las siguientes las he mandado hacer bajo mi presencia en varias y diversas regiones. Testigo será quién en este siglo demostrará la verdad.

Posiblemente habrá algún hablador que acostumbrado a hablar mal no me sabrá imitar y dirá que esto no es gran caso. Le confieso que, por lo menos, yo seré el primero que ha presentado la materia de éste segundo tratado en nuestra lengua y que ha mostrado el pasaje cortando el hielo, añadiré, que todos no tienen el conocimiento para hacerlo.

Habrá varias personas que codiciarán mucho el saber hacer varias confituras y estarán satisfechas con esto.

Sabiendo hacer una hará varias bien porque veo que él sabe administrar bien la azúcar o la miel en su generosa cocción, tal como le pertenece.

Para hacer la confitura del jengibre verde, que aunque se llame así se hace de un jengibre llamado mecquin[1] porque es de la Meca, donde Mahoma está enterrado. CAPITULO. XII.

Tome el jengibre blanco o el *mezcquin* porque es mejor, remójelo en agua caliente, renueve durante tres días el agua, luego coja una lavativa hecha de fermentos fuertes y hierva susodicho jengibre primero con poca lavativa, después quitará ésta lavativa y la pondrá en otra y lo tanteará probándolo para ver si perdió su fuerza, ya que si no se hierve a menudo con susodicha lavativa, la fuerza que tiene y adquiere en un momento se puede perder si no es a menudo hervido, porque si escasea se reblandece fácilmente. Cuando haya hervido largamente en la lavativa y haya ganado la fuerza del jengibre, entonces lo quitará de su lavativa y lo pondrá en remojo dentro de agua clara, lo lavará mucho, pero amablemente sin arrugarlo y cuando se haya remojado durante tres o cuatro días, le renovará nuevamente algún día el agua, a fin de que el sabor de la lavativa salga sin igual. Cuando lo haga hiérvalo con agua clara con un poco de miel, que esté más bien firme que blando, y eche el agua. Pruébelo para ver si siente el punto de la lavativa por si hay alguna agudeza que fuese demasiado picante y, si hay todavía, hiérvalo hasta que sea de gusto amistoso. Entonces lo quitará del fuego y lo pondrá sobre un trapo blanco a

---

1. *Podría referirse a la palabra francesa mesquin, que se traduce como mezquino.*

secar, cuando se seque lo pondrá en un vaso de tierra bien embarnizado, pondrá el vaso invertido a fin de que se escurra el agua y luego cogerá la cantidad que quiera de miel —porque hace falta que sea conservado en miel y no en azúcar— y lo pondrá dentro de una cazuela para hacerlo hervir dos o tres ebulliciones, luego lo quitará del fuego y lo dejará enfriarse y cuando esté frío le quitará la espuma con una cuchara perforada por encima, haciendo que no quede nada de espuma, después cuando la miel esté bien despumada la pondrá muy fría en le vaso donde está el jengibre hasta que esté muy lleno de miel. Lo dejará dos o tres días y al cabo de tres días si ve que la miel está descocida y que fue demasiado humedecida, entonces colará toda la miel y la dará una cocida hirviendo todo el jengibre con dos o tres ebulliciones y luego volverá a ponerlo dentro de su vaso bien cubierto.

Ahora comenzará a entender que en la composición de ésta confitura hay pérdida y ganancia, pero cuando todo esté justamente suputado devolverá lo que se ha perdido, y es que, la cocida que tiene el jengibre es comestible porque su fuerza la pierde mediante la decocción y la lavativa, si se conservara así, sería tan fuerte y agrio que no sabría apreciarlo de la manera que hace falta, porque la lavativa no se pone para otro medio que no sea destruir y atraer su fuerza, y hay está la pérdida, porque si lo probara le pegaría fuego a la garganta. La ganancia que se hace es porque es una comida ligera ya que si se hincha y se rellena de miel, estará fuerte y engordará. Una raíz que no pesará más de un dracma y medio, cuando esté cristalizada, pesará cerca de una onza.

Las virtudes del jengibre verde son propicias para las mujeres que por la frialdad de la matriz no pueden concebir. La semilla genital de dos acumulaciones no puede retenerse sino fluye, para ésto es propio el jengibre verde, y también para el estómago que está demasiado frío y para las personas ancianas que están desnaturalizadas. Pero da más provecho todavía a los hombres que no pueden cumplir el deber de la naturaleza a causa de una combinación de frialdad, malas acciones e impotencia. Podemos coger y meterlo dentro del jarabe hecho de alguna azúcar buena a fin de que sea más amistoso en gusto, pero realmente no sería tan ardiente.

Cómo conservar el agua del jengibre y hacer un buen polvo para hacer soberano vino Hipocrás[1]. CAPITULO. XII.

Tome el jengibre y hiérvalo en agua clara hasta que esté blando, el agua donde hierva que sea abundante a fin de que atraiga mejor la fuerza del jengibre, tanto que probando el agua encuentre quesea fuerte, quitará ésta agua y la pondrá aparte, luego la hervirá con la misma cantidad de agua que la primera vez, después tomará el jengibre y cuando vea que está bien cocido lo exprimirá mucho, pero guárdese de romperlo. Cuando haya exprimido toda la decocción, la fuerza y la agudeza del jengibre, entonces tomará ésta decocción y la hervirá en una gran caldera hasta que toda la humedad sea casi consumida, el resto lo pondrá dentro de un barreño de tierra seca. Si lo prueba encontrará que tiene toda la fuerza del jengibre y, si pone el hipocrás con canela, le dará un punto que no es nada despreciable para hacer alguna salsa para comestibles. Yo no he querido omitirlo porque la fuerza del jengibre está en la decocción para no ponerlo mal otra vez. Una vez ofrecí a nuestro Francisco Berard que lo hiciera por mí y luego lo vendió como una comida totalmente nueva.

Para hacer una raíz confitada de Hyringus[2], que tiene todas las virtudes, bondades y cualidades que tiene el jengibre verde, de gusto más suave y muy semejante. CAPITULO. XIII.

Tome raíz de *Hyringus*, que se llama en nuestra lengua *Panicaut*, y en lengua Francesa *Hyringue*. Cójalo en invierno porque entonces toda la virtud estará en la raíz, las raíces que sean las más gruesas que se puedan encontrar, las pela con algún cuchillo que sea muy cortante y cuando haya superficialmente quitado la

---

1. El Hipocrás era una bebida popular en la Edad Media en toda Europa hasta bien llegado el siglo XVIII. Tenía como principales ingredientes: el vino y la miel, se le añadía algunas especias como nuez moscada, canela, clavo, jengibre y pimienta negra.
2. Eryngium o Panicaut es un género de cerca de 230 especies de plantas anuales y perennes con hojas sin pelusas y generalmente espinosas, con umbelas en forma de cúpula que se parecen a cardos.

pequeña piel que está en la parte superior, lo cortará en pequeñas piezas y tomará las que son más cortas, como de la longitud de medio dedo, guárdese de no quitarle el corazón que está dentro porque desprestigiaría su confitura y, cuando haya limpiado bien sus raíces, las hervirá hasta que estén suficientemente blandas con agua y junto dos o tres nudos de jengibre machacado, una vez hecho eso, las quitará del fuego y las secará un poco con algún trapo blanco, después lo pondrá en una vasija de tierra o de vidrio. Luego cogerá la cantidad de azúcar que sepa que es conveniente para conservarlos y lo hervirá en el agua en forma de jarabe. Posteriormente, tomará dos onzas de buen jengibre, una onza de pimienta blanca, y lo pulverizará todo sutilmente, luego tomará raíces de *hyringus* y las pondrá todas en un barreño sin que se humedezcan con el agua, tomará éste polvo y lo espolvoreara por todo hasta que todo el polvo esté dentro al menos según la cantidad de las raíces, luego cuando lo haya espolvoreado bien, lo volverá a poner dentro de su vasija o vaso y pondrá el azúcar que ha cocido en forma de jarabe. Si al cabo de tres o cuatro días ve que su jarabe ha humedecido a las raíces y que se ha descocido poco, no lo cueza, pero póngalo por unos días al sol o en alguna estufa para consumirle la humedad, porque si cuece el azúcar todo el polvo se iría e hirviendo perdería su virtud, por este motivo lo hará a modo del jengibre verde y encontrará mejor gusto y más virtud que con el natural, encima no le será tan difícil hacerlo ni de tan elevado coste.

Una confitura fresca y delicada hecha con almendras confitadas verdes y medio maduras. CAPITULO. XIIII.

Tome el número o cantidad que quiera de almendras frescas que estén tiernas y verdes, pélelas amablemente y lo más sutilmente que pueda dejando algunas con las hojas y cuando estén peladas, las hierve con agua clara hasta que estén blandas, luego cuando estén cocidas lo debido y suficiente, las retirará del fuego, las quitará el agua caliente y las pondrá en agua fría para volver un poco a cerrarlas, luego las secará muy bien con algún trapo blanco y limpio. Cuando estén casi secas del todo póngalas en cualquier vaso y voltéele, a fin de que si tiene demasiada humedad se escurra, luego según la cantidad de almendras echará tanta de azúcar, porque si hay dos libras de almendras cuando sean hervidas hará falta una libra y media de azúcar, la cual fundirá con una libra y media de agua de fuente y si es bella el azúcar, no hace falta ni clarificarla. Cuézalo hasta que adquiera forma de jarabe.

Si pone una prueba encima de un mármol y se mantiene firme sin derramarse ni humear, sabrá que la azúcar está cocida como debe. Entonces la quitará del fuego y lo dejará enfriarse, luego la volverá a poner en el vaso donde están las almendras y lo dejará durante el transcurso de dos días, al cabo de los dos días volverá a cocer la azúcar en forma de jarabe y cuando esté fría volverá introducir las almendras y lo dejará por cuatro o cinco días, al final de los cuales, volverá a hervir el azúcar hasta la perfección del jarabe, luego cuando esté frío volverá a ponerlo en su vaso, eso sí, guárdese bien de no hervir de ninguna manera las almendras con el azúcar porque quedan almendras deshojadas verdes del almendro, pequeñas y de sustancia suave, que si las hierve con el azúcar con la primera ebullición las quemaría y se secarían, debe hervir el azúcar sola y no ponerla hasta que esté frío si usted quiere hacer su confitura buena, laudable y más sabrosa que delicada.

Algunos quieren cambiar su cualidad haciéndola de una constitución más moderada, otros, tras la primera cocción, al enfriarse le ponen alguna pieza de canela y uno o dos clavos dulces, que causa que la confitura sea más excelente y de mejor olor. La podemos hacer como quieran sin canela ni clavo o con lo uno o lo otro, todo como sea la voluntad del que lo quiera. Ésta confitura si se hace con especias será una carne deliciosa para comer a cualquier hora, pero no será administrada en medicina. Si se hace como confitada con toda su corteza daría alguna agrura o acetosidad y causaría alguna alteración, pero no es frecuente, mas bien al comerla le dará placer así como las otras confituras que diariamente según las diversas cualidades y constituciones. La gente de una clase o de otra las hacen de todas las maneras que sepan pero no pueden estar buenas siendo de azúcar, de miel o del vino cocido que nosotros llamamos *Defrutum*, porque ninguno de estos se hace de buena calidad, pero con vino cocido si son buenas.

Para hacer gelatina de membrillo de soberana belleza, bondad, sabor y excelencia, que se conserva buena largamente y es propia para presentar ante un Rey. CAPITULO. XV.

Tome del membrillo que quiera, sobre todo que esté bien maduro y amarillo, póngalo en trozos sin piel, —porque a los pelados sin saber porqué, la corteza les aumenta el olor— y de cada membrillo hace cinco o seis piezas. Quite la semilla porque se congelarán bien sin ella, mientras que los corta, póngalos en un barreño lleno de agua porque rápidamente se pica donde corta y si no se remojan en el agua se pondrían negros y se picarían. Hiérvalos con gran cantidad de agua hasta que estén muy cocidos, que casi se arruguen, luego cuando estén bien cocidos colará éste agua por un trapo blanco nuevo que sea grueso y exprimirá mucho toda la decocción, luego tomará ésta decocción y si hay seis libras de decocción, cogerá una libra y media de azúcar de Madeira y la pondrá dentro. Póngalo a hervir sobre carbones a medio fuego hasta que vea que se consume y hacia el final baje el fuego que no se lleguen a quemar los costados, porque causaría mal color a la gelatina, luego cuando esté cerca de cocerse y para conocer su perfecta cocida, usted se hará con una espátula o una cuchara de plata pequeña y la pondrá sobre un cuadrete, si ve que está fría y que la muestra pierde su redondez, entonces estará cocida, la quitará del fuego y esperará que la espuma que se hace en la parte superior esté posada, luego muy caliente lo pondrá en cajas de madera o de vidrio y si quiere escribir alguna cosa o tallar en el fondo de le caja, lo podrá hacer porque se verá fácilmente. El color será tan excelente y diáfano que parecerá un rubí oriental y tendrá un sabor tan excelente que podrá ser ofrecido a los enfermos y a los que están sanos.

Otro modo para hacer gelatina de membrillo más bella y mucho más preciosa e igual en sabor. Verdad es que es bastante más cara, pero quien la quiera para príncipes o grandes señores no necesitará hacer otra porque ésta sobrepasa a todas. Aquí no hay que ser avaro de ninguna manera más bien derrochador. CAPITULO. XVI.

Tome en total doce o catorce membrillos, ráspelos y pélelos muy sutilmente, divídalos en ocho o diez partes y quítelos la semilla, cuando estén divididos y cortados, hiérvalos con gran abundancia de agua y cuando los membrillos estén cerca de cocerse, pondrá dentro tres o cuatro libras de azúcar que sea bella y un pan. Hiérvalo aumentando y adosando agua a fin de que hierva mejor y cuando haya hervido muy bien hasta que todo esté empastado, lo colará por algún paño nítido y blanco sin exprimirlo. Lo que cuele lo hervirá en una cazuela sobre los carbones a pequeño fuego hasta que vea que esté muy consumido, hacia el final, intente mirar a menudo con una cuchara de plata o una espátula muy limpia si está cocido todo, y si está bien coagulado y ve que al poner dentro un poco en algún vaso de estaño o cuadrete está gelatinoso, retírelo del fuego y estirándolo cuézalo un poco fuerte. Aunque usted vea que está duro o viscoso, no haga nada, porque después de un tiempo descuece y vuelve a su forma cortándose como una gelatina de pies de vaca, después usted lo pondrá en una caja de madera o de vidrio y con el escudo de armas o divisas heroicas que bien le parezca y lo guardará. Algunos ponen la sustancia viscosa de la semilla de los membrillos para hacer gelatina, pero no hace falta porque la carne es de la misma naturaleza y cualidad que la semilla. También hay algunos que para darles color ponen sándalo rojo o de bresil[1] con agua de rosas. Yo le digo que no hace falta ni sándalo, ni bresil, porque por sí mismo será rojo como una fina escarlata o rubí oriental, porque cuando comienza a consumirse al final y a espesarse, se vuelve rojo. A menudo, por haber añadido tales ensueños al final se pone negro y se quema estropeando su gelatina, mas tales adiciones sólo las hacen gentes inexpertas que no practicaron con estos condimentos. Guárdese de poner otra cosa que no sea el azúcar y los membrillos si quiere hacer a la perfección esta gelatina clara y que sea conveniente para presentar delante de un Rey. Verdad es que no aportará tanto como la primera por tener mucha azúcar dentro de los trozos de los membrillos, pero su excelencia y belleza sobrepasan todas las gelatinas que se puedan hacer en este mundo.

En cuanto a aquello que digo que es verdadero, me remito a los que si entienden y que lo hicieron muchas veces de éste modo,

---

1. *Se puede traducir como Brasil, aunque parece referirse a una madera de América tropical, rojo-naranja, muy dura y muy pesada.*

igualmente fue hecho para el Rey François[1], el primero de éste nombre, y luego para el maestro Cardenal de Clarmont, durante su legado en Aviñón, que para entonces y al juicio de los videntes nunca se vio algo semejante e igualmente fue presentado a monseñor el gran maestre de Rodas, que viniendo de Rodas pasó por Aviñón en el año mil quinientos veintiséis y que después en esta notable y sin igual ciudad de Lyon, se llevó el rumor y alcanzó la fama igualmente hasta entre las mujeres.

Otro modo para hacer gelatina de membrillos en roca que será de mejor gusto y de sustancia más grande, no menor que otras, tanto en belleza, bondad y valor como en excelencia. CAPITULO. XVII.

Tome el número de membrillos que quiera, entre más mejor, pélelos y límpielos bien, póngalos en piezas como bien le parezca y hiérvalos con abundante agua hasta que se sacien y cuando esté bien cocido con perfección, lo colará muy bien por un trapo de tela que sea muy nítido exprimiéndolo mucho. Ponga susodicha decocción a cocerse aparte sobre el fuego estando pendiente de que cueza, tomará un membrillo bien maduro y amarillo y pelará la piel del costado muy bien, porque la parte próxima al grano o la semilla es granulosa. Cuando esté bien pelado lo pondrá en pequeñas piezas quedando como dijimos. Los hervirá en una pequeña cazuela con agua hasta que estén cocidos y blandos, cuando estén cocidos, echará todos juntos en la decocción y los hervirá hasta que tenga forma de gelatina, y cuando pruebe con una cuchara de plata que está cocido igual que los otros, lo apartará del fuego y lo dejará reposar un poco porque se habrá formado espuma, saque toda la espuma poco a poco con una cuchara de plata para que el azúcar no tenga la aceitosidad del membrillo, el azúcar se purificará y saldrá espuma por encima. Cuando haya reposado la espuma los pondrá cortados en una caja vidrio o de madera y verá vuestra gelatina con mucha bondad, belleza y maravillosamente buena.

---

1. François I, rey de Francia. 1515–47. Primo y yerno de Luis XII, ascendió al trono en 1515. Poco después de su coronación, inició las guerras italianas y recuperó el ducado de Milán.

Para hacer una confitura muy deleitosa y sabrosa de pequeños limones y naranjas enteras cuando están verdes, pudiendo usarse cuando nos plazca. CAPITULO. XVIII.

Tome el número que quiera de naranjas y tiernos limones que sean verdes sin que tengan todavía aceitosidad ni semilla, también pondrá los pequeños brotes o retoños que el árbol produce cada año nuevo, que son medio hojas, remojándolos en agua de fuente o de la buena, luego remoja los limones y las naranjas por el espacio de nueve días y los pequeños trozos por espacio de cuatro días, al cabo de estos días, los hierve con otra agua. No olvide cambiar el agua todos los días. En la primera ebullición ponga un puñado de sal, a fin de que si todavía tienen amargura mediante la sal desaparezca volviéndose más agradable, que hiervan y estén bien cocidos, mas guárdese de que cuando hiervan permanezcan los trozos porque si son tiernos no se mantienen tanto en la decocción y estarían podridos al cocerse, por eso los pondrá al final y cuando todo esté proporcionalmente cocido, entonces los quitará amablemente del fuego, los volverá a poner en agua fría para enfriarlos y cuando estén fríos, los quitará del agua y los escurrirá dejándolos en un vaso de vidrio o de tierra bien embarnizado. Luego cogerá de azúcar según la cantidad que haya de naranjas fundiéndolo y cociéndolo junto hasta que parezca jarabe. Cuando esté cocido lo apartará del fuego y lo dejará enfriarse, cuando esté frío, le meterá dentro las naranjas troceadas y los limones haciendo que el azúcar y el jarabe los envuelva, luego los cubrirá muy bien con un pergamino, al cabo de dos días echará el azúcar dentro de una cazuela y la volverá a hervir sola hasta que obtenga, como anteriormente, forma de jarabe y lo enfrías, cuando esté frío le volverá a poner dentro las naranjas, los limones y los brotes, dejándolo cinco o seis días, más o menos, revisándolo cada día. Luego volverá a cocer el azúcar como había hecho antes por última vez. Guárdese de cocerlo con el azúcar porque las cortezas de los limones y de las naranjas se endurecerían como el cuero, pero eso sí, debe poner muy frío el jarabe o el azúcar. Cuando no sea más necesario cocer el azúcar significará que la confitura se ha acabado de hacer. Entonces lo pondrá en un vaso de tierra bajo que no tenga más altura que la anchura de dos dedos, como las vasijas de Valencia en España o las que se hacen en la tierra de Sicilia, e incluso, en otros vasos que le parezcan bien, porque toda clase de confitura que yo he visto y que he tomado no se llega a despiezar en ellos. Y señalar que también las podrías confitar con miel o con el vino cocido que se llama *Defrutum*, pero hablando de lo que concierne aquí, la pura verdad es que sería una notable confitura si agrega azúcar, no tan solamente ésta de aquí, sino todas las otras, aunque con el licor es más noble y más deliciosa con la miel es más basta y rústica, siendo con el vino cocido más servil y amorosa que con la miel. Mas desde que hay que decir la verdad, sin ninguna duda, cualquier confitura principalmente tiene un licor conservador entre todas las materias y las podemos hacer como queramos. En cuanto a mí, yo doy alabanza a la que está hecha con azúcar.

Para confitar membrillos troceados en un día que se conservarán largamente con un maravilloso buen gusto y que pueden servir para dos intenciones: para medicina confortativa y restrictiva, y para comerlo a placer a todas las horas. CAPITULO. XIX.

Tome de los membrillos más maduros y amarillos que se puedan encontrar y los pone en cuatro trozos, si ve que son demasiado grandes los divide en seis o en ocho, todo como bien le parezca, los pela bien, que no quede nada de corteza ni de semilla para que estén bien limpios. Rápidamente los hierve con gran cantidad de agua hasta que cuando los perfore con un alfiler éste se introduzca fácilmente, luego cuando vea que están bien cocidos —es necesario que estén más cocidos que mal cocidos— tomará la cantidad de azúcar según la de los membrillos y pondrá el azúcar junto a los membrillos a hervir. Sino tiene agua, pondrá más, a fin de que el azúcar estando acuosa o en mayor acuosidad penetre más fácilmente en los membrillos. Porque si falta agua el azúcar se cocería demasiado y el membrillo no se cocería superficialmente siendo dentro blanco. Hervirá todo a fuego lento de carbones hasta su perfecta cocción, y si al poner una gota o dos sobre un plato de estaño lo ve gelatinoso deberá darle otra cocida un poco más fuerte, porque el membrillo tiene una humedad natural que lo descuece un poco reduciéndolo a su estado natural después. Es cierto que cuando acaba de cocerse es viscoso y no sabrá cortarlo con un cuchillo, pero pasados cinco o seis días o tres días, sin más, usted lo cortará como una gelatina y cuando esté cocido hará como le dije: lo pondrá en un vaso bajo o bien lo podrá meter en una caja ancha y baja. Cuando los quiera comer o alguna vez quiera tomar un trozo, le parecerá que es como un bálsamo. Y antes de que los vuelva a poner dentro de la caja podrá poner canela y por cada trozo dos o tres clavos enteros o, para hacerlo mejor, ponga polvo de clavo y de canela y rocíelo por toda la confitura. Quien lo quiera hacer de otro modo, puede, pero así es mucho mejor y más recurrido que confitándolo como otras confituras, ya que tardaría más tiempo al ser necesario cocer el azúcar durante un día, demorándose tanto que no sería tan buena.

En lugar de azúcar se hacen maravillosamente buenas con el vino cocido de la siguiente manera.

Para confitar los membrillos a trozos con el vino cocido sin que sea diferente a la realizada con azúcar, pero teniendo en cuenta que ha de hacerse en tiempo de vendimias. Se conservarán un año o dos con bondad y valor, y la salsa o el condimento donde han sido cocidos será maravillosamente bueno. Todo el año comerá y hará salsas. CAPITULO. XX.

Tome veinte membrillos más o menos y póngalos en cuatro trozos. Pélelos y límpielos todos los lados quitando tanto la corteza como la semilla. Cuando estén bien limpios los hierve en un caldero con vino cocido hecho el mismo día y buenas uvas muy maduras que no estén verdes ni agrias. Pero tenga la prudencia de quitar la espuma creada al meter el vino cocido en el caldero y cocerlo. Cuando haya quitado toda la espuma pondrá todos los membrillos a trozos a hervir hasta que estén totalmente reducidos. Y señalar que diez tarros de vino cocido se deben rebajar a tres, por eso lo hervirá mucho junto a los membrillos. Cuando vea que poniendo con una cuchara un trozo dentro de un plato al dividirlo por la mitad no esta blanco, ni agrio, sino dulce, viscoso y coagulado, entonces lo quitará del fuego y lo pondrá todo en alguna vasija de tierra. Hará una confitura que será roja como un jacinto y dulce como el azúcar, si la ofrece como merienda a alguien, no sabrá discernir si es azúcar o no porque el sabor y el olor de la miel se sentirán desde lejos. Cuando estén perfectamente cocidos los cubrirá muy bien y podrá tomar los trozos con una cuchara perforada y ponerlos en un plato, en cada trozo pondrá clavo y canela o, mejor, podrá separar los trozos del vino cocido y los pondrá aparte. El vino cocido lo podrá usar para varias gentilezas y en caso de necesidad usarlo en todos los lugares donde no hay azúcar o ponerlo para beber con agua, porque el azúcar es templada y el vino cocido o *defrutum* es caliente, pero además, si es guardado un año entero se cristalizará como si fuera azúcar. Verdad es que el azúcar es blanca y el vino cocido es de color miel cristalizada.

Para hacer codoñate[1] que es una gran sustancia de buen sabor y más provechosa que alguna de las otras. Verdad es que no es tan deleitosa, pero a los efectos y para la operación es mejor. CAPITULO. XXI.

Tome doce membrillos y cuézalos al horno dentro de una pieza de cobre o un barreño ancho y bajo, los membrillos que queden bien maduros y amarillos, cuando estén calentados y bien cocidos al horno, los extraerá del horno, los pelará y los pasará por una tela nueva apretando bien hasta que pase la mayor parte, luego recogerá la carne que ha colado. Si hay cuatro libras pulverizará tres libras de azúcar y las pondrá con la carne que ha colado, lo cuece todo dentro de una cazuela sobre fuego de carbones y con un palo de farmacia o un bastón redondo, mientras se cuece, sin cesar, lo remueve para que no se queme. Para saber cuando está cocido lo pondrá con el palo de farmacia sobre un plato de estaño y mirará si la carne está firme, si sequita sin rodeos sin adherirse al plato, entonces estará cocida. Cuando se haya cocido lo meterá muy caliente dentro de una caja de madera, de vidrio, o como le plazca.

Para hacer membrillos a trozos con azúcar de otra manera, que serán todavía mejores y más bellos que algunos de los otros. CAPITULO. XXII.

Tome quince o dieciséis membrillos de los más maduros y más amarillos que se puedan encontrar, los arranca la corteza y la se-

---

1. Codignat, del catalán. codonyat, codony, membrillo. Del latín, cotoneum. Carne o dulce de membrillo.

milla y rápidamente cuando los pele los pondrá dentro de una cazuela llena de agua, que no se ennegrezcan, y cuando los haya arrancado todo los hierve con abundante agua. Cuando estén bien cocidos pruebe que un alfiler se introduce fácilmente, sólo entonces los quitará del agua y los pondrá en un gran plato de estaño dejándolos escurrir un poco. Luego cogerá el pez de seis libras de azúcar en pastillas y lo fundirá dentro de la decocción donde los membrillos hirvieron volviendo a poner todo sobre el fuego. Hierva primero el azúcar con la decocción y cuando comience a hervir la espuma que salga la quitará con una espumadera o una cuchara de plata, cuando vea que el azúcar hierve con la decocción estando bien limpiada de la espuma, entonces echará los trozos de los membrillos y lo cocerá todo junto. Como la decocción será coagulante tirando a gelatina lo cocerá todo hasta que adquiera forma de jarabe muy cocido, pero guárdese de no removerlo cuando estén cociéndose, a fin de no romperlos. Cuando estén cocidos como le he dicho, los quitará del fuego y pondrá los trozos en una vasija ancha y baja, dejándolo durante dos días. Cuando estén allí que el azúcar se cueza con su decocción y al cabo de los dos días cogerá los trozos. Si ve que están muy húmedos los recocerá hasta su perfección como había hecho antes. Luego los volverá a poner dentro de su vaso y los dejará por cinco o seis días, y al cabo de seis días si ve que todavía los trozos tienen abundante humedad para no cocer tanto la decocción que se podría broncear o adquirir una mala cualidad, cocerá los trozos con otra azúcar hasta que los trozos se cuezan del todo. Quitará todos los trozos de éste azúcar y le pondrá a cada uno canela y clavo a su placer. Cuando todos sean bien aromatizados, cocerá la primera decocción en forma de gelatina y luego pondrá los trozos de los membrillos que acaba de cocer en la última azúcar, luego los volverá a poner dentro de un vaso bajo a fin de que cuando quiera cogerlos no se rompan. Si usted quiere que sean más fáciles de coger póngalos dentro de cajas anchas de Lyon y cuando quiera tomar se cortarán todos juntos como la gelatina más bella que pueda encontrar, el gusto será sin igual y delicioso para presentar tanto a sanos como a enfermos. No podrá encontrar una confitura de más grande exquisitez ni mejor. Si lo quiere para enfermos no será necesario que tenga canela ni clavo a causa de su ardor, la otra última azúcar sería bueno que la mantuviera como gelatina.

Cómo confitar la corteza de buglosa[1], que los españoles llaman lengua bovina. Esta es un conditura cordial que preserva al personaje de tener fiebre héctica o retención de líquidos manteniéndolo jovial y alegre, expulsa toda melancolía, rejuvenece al hombre, retrasa la vejez, da buen color a la cara, mantiene al hombre con salud y preserva al hombre colérico de tentaciones. CAPITULO. XXIII.

Tome corteza de buglosa en el mes de diciembre cuando no tiene hojas, porque si la coge en el tiempo que está muy hojosa o en flor, no valdría nada, ya que toda su virtud está en su tallo y en las hojas.

Cuando la recoja, hágalo desde las raíces más gruesas tomando la corteza únicamente y limpiándolas muy bien rascándolas lo menos que pueda. Haga piezas anchas de la anchura de la corteza y de mediana longitud. Cuando estén muy limpias y modificadas las cuece con suficiente agua de fuente y cuando estén cocidas bien al igual que cualquier confitura, tomará las raíces con una cuchara perforada y las pondrá dentro de un vaso que sea de dos dedos de ancho y bajo. No derrame el agua donde ha cocido porque una parte de la virtud de ella yace allí, por eso, tomará suficiente azúcar y la hará derretirse y licuarse en susodicha decocción. La cocerá hasta la perfección del jarabe. Si ve que mediante la decocción el azúcar está negra y que el jarabe es más feo, clarifique el azúcar o, si quiere, no la ponga. Aunque es cierto que si el azúcar no está licuada en susodicha decocción su virtud se verá reducida. Por eso mejor cueza el azúcar en forma de jarabe bien cocido y luego déjela enfriarse bien del todo, eche dentro la corteza para que se remoje totalmente en el jarabe y déjelo durante 24 horas, al cabo de las 24 horas quitará el jarabe y lo hervirá más, espumándolo sin que ésta vez se cueza, sólo que lo haga a forma de jarabe simplemente. Después de que esté cocido lo quitará del fuego y lo dejará enfriarse. Cuando esté totalmente frío le volverá

---

1. *Del latín, buglossa, del griego, buglosson. También es llamada lengua de buey. Bous, buey + glossa, lengua. Planta de flores azuladas que crece en los aledaños de los campos, viñas y bosques.*

a poner dentro la corteza y lo dejará durante unos dos o tres días o incluso cuatro, y si al cabo del término prefijado ve que necesita cocerlo, lo cocerá, pero guardándose de no poner el azúcar caliente ni hervir de ninguna manera la corteza con el azúcar, porque se pondrían duras como cuero quemado, por eso estará usted en guardia, y cuando sepa que vuestra conditura está acabada la pondrá dentro de botes bajos para tomarla mejor y colocar mejor las cortezas a lo ancho, así estarán mejor y más propicias para usarlas.

Para hacer peras confitadas. CAPITULO. XXIIII.

Tome peras de las mejores que se puedan encontrar, de las pequeñas, de las *muscadelas*[1] o *formigoles*, resumiendo, las que se conozcan según el país y región que estén más de acuerdo a la conditura. De dichas peras cogerá las que quiera y las pelará y limpiará lo más sutilmente que pueda, si ve que el rabo es demasiado largo, lo cortará un poco, pero será mejor que el rabo sea más bien largo que corto para cogerlas luego mejor. Cuando las pele de cuando en cuando echará agua fresca, a fin de que no se ennegrezcan, y cuando estén del todo mondadas las hierve donde le parezca con buena agua de fuente o de la mejor que se pueda encontrar. Hiérvalas hasta que se puedan desgarrar con un alfiler y éste entre fácilmente. Cuando estén cocidas así, las quita del fuego con una espumadera y las deja enfriarse dentro de agua clara, luego las pondrá sobre un trapo muy blanco y nítido para que se sequen, cuando estén secadas, las meterá dentro de algún vaso de tierra bien embarnizado o en un bote de vidrio y lo pondrá al revés, a fin de que si queda un poco de agua que no se haya escurrido se pueda escurrir mejor. Luego pondrá a ojo lo que necesite de azúcar y lo fundirá con tanta agua como azúcar. Cuando esté fundido lo clarificará si es necesario. Si es pan de azúcar y de Madeira, principalmente no hay que clarificarla porque acostumbra a ser más blanca, porque cuando el azúcar se hace se la pone un montón de tierra encima de un vaso en el cual hay un pequeño precocinado y todos los residuos y la humedad del azúcar se deshacen. Ésta, encima dura más y es más purificada.

---

1. *Variedad de pera de gusto almizclado.*

Cuando comience a estar seco le pone arriba una pieza de arcilla para cubrirlo y para atraer la humedad que cogerá del lado ancho. Cuando esté fundido cuézalo como jarabe, o un poco más, luego deje que se enfríe. Cuando esté frío le pondrá dentro las peras. Si ve que las peras están demasiado cocidas ponga un poco el azúcar caliente, a fin de tonificarlo, y cuando susodicha azúcar cueza en el jarabe lo deja con las peras en el vaso por espacio de dos días y recuece el azúcar hasta que adquiera forma de jarabe. Cuando esté muy frío lo volverá a poner dentro del vaso donde están las peras y lo dejará cuatro días. Al cabo de cuatro días verterá todo el azúcar dentro de una cazuela y las peras en un plato o un barreño, a cada pera la pondrá un clavo de especia o dos y canela, después de hacerlo, volverá a poner dentro del vaso las peras y luego recocerá el azúcar como jarabe. Cuando esté cocido le volverá a poner las peras y cerrará muy bien el bote.

Con esto hará al momento una soberana confitura digna para presentar ante un príncipe.

Para hacer azúcar candi[1] muy bella. CAPITULO. XXV.

Tome el pez de nueve libras, o cerca, de pan de azúcar o de azúcar semirrefinada que sea bella y blanca —porque con bella mercancía se hace bella obra y con fea o mala, obra mala—. Lo derrite y lo licua con suficiente cantidad de agua. Si quiere que el azúcar sea bella clarifíquela hasta que sea purgada de deposiciones, cuando sea clarificada, la colará muy bien y luego la cocerá hasta que adquiera forma de jarabe, no lo deje cocerse mucho porque se cristalizaría en forma de sal. Rápidamente cuando haya cocido en las vasijas de tierra que no fueron nunca embarnizadas expresamente para esto, entrará un pequeño palo de madera de abeto o de junco a fin de que el azúcar cristalice todo y no únicamente el centro. Cuando los juncos estén dentro pondrá el azúcar muy caliente dentro de la vasija, lo cerrará por encima muy bien con una tapadera de tierra y lo untará con arcilla, no con otra cosa, para que conserve su calor más largamente. Muy rápidamente lo pondrá en estiércol que esté caliente en algún lugar cubierto u

---

1. Azúcar poco refinada que se presenta en cristales transparentes de color marrón claro y se utiliza principalmente para endulzar el café debido a su lenta disolución.

oscuro. Si el estiércol no está caliente caliéntelo con agua hirviendo. El estiércol debe tener mucha profundidad para que las vasijas estén muy bien cubiertas. Lo dejará metido durante nueve días y nueve noches enteras, y al cabo de los nueve días, quitará las vasijas del estiércol y las descubrirá, derramará el jarabe sin cristalizar que está dentro y verá que de nueve libras de azúcar tendrá ahora, poco más o menos, cinco o seis cristalizadas. Cuando haya colado muy bien el jarabe lo calentará con agua que esté muy caliente y lo lavará con un trapo nuevo dándole dos o tres lavados, a fin de que el jarabe que tiene no lo haga enojoso y seguidamente pondrá el agua de la lavativa con el jarabe.

Y señalar que cuando lo quiera hacer no se debe hacer menos, se puede hacer, pero cuesta igual hacer poco como mucho. También hay que entender que si permanece más de nueve días con el estiércol aún caliente, el azúcar se descristalizaría debido a que el estiércol produce humo húmedo que penetra despacio por dentro y permanece tanto que deshace lo que quedó cristalizado.

Si quiere que casi toda el azúcar sea cristalizada debe poner ha cocer el azúcar simplemente sin que la vasija de tierra cueza, cuando lo ponga dentro no hace falta ni que sea lavada la vasija ni incluir agua, porque la vasija chupará solamente la humedad que está en el azúcar. También hace falta que tales vasijas sean hechas expresamente para esto, porque después de que se quiera quitar el azúcar que está cristalizada toda en una pieza, cuando el jarabe está fuera, hará falta poner la vasija sobre el fuego de carbones removiéndola un poco hasta que sienta que quema el azúcar. Es en entonces cuando romperá la vasija y cogerá el azúcar que estará muy cristaliza. Tenga en cuenta también que no se puede hacer menos de ocho o nueve libras.

Todos lo pueden hacer, pero hay un montón de habladores que dicen que con fea azúcar semirrefinada harán bella azúcar candí, éstos se pasan, porque ninguna Música se hace sin Músico. Quiero decirle que confieso que con la poca bella azúcar semirrefinada se puede llegar a hacer hermosa obra, pero ¿cómo? Así:

Tomará azúcar semirrefinada bien clarificada y medio cocida como jarabe, luego la pondrá dentro de una gran vasija de tierra que tenga una apertura, como si fuera puesto en una barrica o en los fondos de un pontón[1]. Deje susodicho jarabe dentro de un vaso largo y alto, según la cantidad del azúcar durante cuatro o cinco días, pasados los cuales, escurrirá por el agujero la mitad del jarabe, lo que está en el fondo o las sobras que permanezcan son buenas, porque el azúcar al contrario que la miel tiene lo más bello por encima, como el aceite, sin embargo, lo más bello de la miel está en el fondo. Y de esta manera con fea azúcar semirrefinada se haría una obra así de bella, pero se desecharía con diferencia.

Éste es el modo de hacer el azúcar *candi* tal como se hace en Genova y en Venecia. Yo lo mande hacer en éste país dentro de las semillas de las aceitunas después de que el aceite fuera extraído, encontrándose muy bella y muy semejante a la que se hace en Venecia.

Para hacer el pignolat[2] en roca. CAPITULO. XXVI.

Tome dos piñones bien pelados y luego tórrelos un poco, que estén secos con su forma o tome los piñones que quiera con sus cáscaras y póngalos en una cesta colgada cerca del morillo[3], lejos del fuego, y la deja tres días. De esta manera el calor del fuego los penetrará poco a poco hasta que se tuesten y los podrá extraer y pelar muy fácilmente. Tome el pez de dos libras y media y póngalo adecuadamente. Luego tome una ralladura de bella azúcar de Madeira o azúcar fina, la derrite con agua de rosas y la cuece hasta que tenga forma de Electuario[4]. Si es invierno o tiempo húmedo cuézalo un poco más, y si no, no le dará más que su cocida, que será cuando vea que no sube más arriba y que hirviendo no gana más ruido, signo de que no tiene más humedad. Resumiendo, que esté cocido en forma de electuario como dije. Después de que sea cocido lo quitará del fuego y pondrá la cazuela sobre algún barril u otro lugar para que el culo de la cazuela no se hunda y se mantenga firme, luego con un palo de madera largo o palo de farma-

---

1. *El término ponson o ponton encontrado en el escrito original, podría referirse a una especie de calabozo que llevaban los barcos de guerra, parecido a una mazmorra.*
2. *Confitería de piñones o turrón de España.*
3. *Caballete de hierro usado para sostener la leña en las chimeneas.*
4. *Del latín electuarium. Medicamento de uso interno con consistencia de pasta blanda, constituido por una mezcla de polvos finos de jarabe, de miel o de resinas líquidas.*

cia, lo moverá continuamente y lo batirá sin descanso hasta que sea blanco. Cuando comience a enfriarse un poco echará una clara de huevo o la mitad y luego volverá a batirlo mucho, lo volverá a poner sobre los carbones para tonificar la humedad que haya hecho la clara de huevo y cuando vea que ésta muy blanco y se vuelve a cocer como al principio, secará bien los piñones y los mondará muy bien. Después los pondrá todos de golpe dentro del azúcar y con el palo farmacéutico lo mezclará hasta que los piñones con el azúcar estén bien mezclados. Tenga siempre el azúcar sobre fuego de carbones a fin de que no se enfríe muy pronto. Tomará un cuchillo ancho de madera, parecido al cuchillo de un zapatero, y cortará piezas de un grosor cercano a una onza y media o dos pequeñas onzas. Extenderá todo amablemente sobre el papel hasta que esté frío y posteriormente pondrá alguna lámina de oro, no mucha, pero una poca.

Éste *pignolat* es tal, que Hermolaus Barbarus[1] lo cuenta en el patriarcado de Aquileia a Pierre Cara, jurisconsulto de Milán, en una epístola que él envía, la cual tradujimos e insertamos al final de nuestro libro. Y dice: *A continuación concluirás las tablillas a partir del núcleo de los piñones y la pastilla de azúcar*[2]. Y debo anotar que si hay algún lugar donde no se puedan encontrar piñones se pueden usar almendras peladas, unas las parte en dos, otras las parte en cuartos, y luego las pone con el azúcar y hace el *pignolat*. En el caso de que tuviera pocos piñones, las almendras así divididas sirven igual que los piñones, encontrando poca diferencia en gusto y virtud. Y si quiere hacerlo con hinojo que esté en semilla o en flor, del que guardamos en las casas recogidos en tiempo de vendimias, cuando el azúcar esté lista pone los piñones en el interior y cuando esté caliente, batido y muy blanco, podemos sumergir todo el hinojo dentro. Parecerá que está hecho de maná o de nieve, tan bello y bueno será.

Se podría hacer todo de golpe pero es necesario que antes de que quiera mezclar los piñones con el azúcar de con una piedra dos golpes. Esta forma de hacer el *pignolat* fue realizada bajo mi

---

1. Ermolao Barbarus. 1454-1493. Humanista italiano del Renacimiento.
2. *Tum illati pugillares ex nuclei peneis y sacchoro pastilli.*

orden en Savona por Benedetta, la señora del último marqués, en el año mil quinientos cuarenta y nueve.

Para hacer la tarta de mazapán que Hermolaus en la epístola siguiente llama pan Martios[1], que se puede cocer en casa o en algún lugar fácilmente como verá en susodicha epístola. CAPITULO. XXVII.

Tome una libra de almendras peladas muy machacadas en un mortero de mármol con media libra de azúcar de Madeira, cuando todo esté muy bien prensado pondrá un poco de agua de rosas y lo machacará para que no expulse aceite. Cuando estén muy bien prensadas hará pequeñas hogazas o pequeñas tartitas redondas extendiéndolas sobre las obleas y pegándolas. Podrá hacer pequeñas cuadraturas de ésta forma sobre las obleas y luego las cocerá en el horno. Cuando estén medio cocidas en el horno hará azúcar en polvo y la mezclará con claras de huevos y un poco de jugo de naranja procurando que esté todo muy líquido, y cuando la tarta esté casi cocida la sacará del horno y con una pluma la pondrá por encima ésta azúcar licuada, luego dará la vuelta a la tarta en el horno tan solamente para que tome color y cuando esté cocida la encontrará con un gusto muy deleitoso y sabroso. Si hay mayor cantidad de azúcar la volverá pastosa y enojosa para comer siendo menos deleitosa. Si lo quiere cocer en casa muy fácilmente a cualquier hora, caliente al fuego la paleta de hierro que utiliza en su hogar para el fuego, hasta que esté roja, entonces pondrá la tarta donde los pequeños bizcochos hechos de susodicha pasta y los pondrá sobre un trípode o sobre la mesa, luego cogerá la paleta al rojo vivo y la acercará a la tarta pasándola ligeramente por la parte superior sin tocarla hasta que vea que toma color, y cuando esté cocida de un lado, entonces la girará del otro hasta que la de su color como está dicho anteriormente. Cociéndola de este modo será mejor que al horno porque no la afectará ningún humo. Ésta forma de cocerla se hace sólo en caso de necesidad porque está mucho más cocida que formada. Ésto lo llamaba Hermolaus Barbarus panes Marciales, que sirven para medicina y son una exqui-

---

1. Del Latín Martius, Martia, Martium. Referente a Marzo o Marte. Esta expresión podría traducirse como pan de Marte.

sitez para comer a cualquier hora. Algunos posiblemente se burlarán de que yo haya querido explicar una cosa tan exigua que todos los boticarios conocen, pero lo quise poner por escrito para el común popular, para las damas codiciosas de saber, para toda clase de gente y para muchos farmacéuticos que, aún sabiendo mucho, esto ignoran. Me gustaría señalar que si desea hacer una tarta de muy buen gusto y fresca, deberá hacerla cuando las almendras estén frescas y recién cogidas del árbol. Así verá como al momento si prueba de una y de otra encontrará una gran diferencia en gusto y bondad.

Para hacer penites[1] que nosotros llamamos pan de azúcar y con los que el árabe Bulchasis[2] en su tiempo experimentó mucho dejando por escrito su fórmula, sin embargo en realidad, es mejor hacerlo como ahora verá aquí. CAPITULO. XXVIII.

Varios del arte farmacéutico lo consumieron y posiblemente vivieron sesenta años, pero jamás vieron como se hacían los *penites* porque la mayor parte de ellos los compraban en las tiendas y porque su fabricación es una cosa problemática y laboriosa. Algunos no lo pueden hacer sin fallar una o dos veces cuando intentan mostrarlo para satisfacer a los jóvenes que recientemente adquirieron el conocimiento de las composiciones, los cuales, si lo hacen a través de éste escrito no fallarán de ninguna manera, pero preste atención en como se hará, porque si los hace así no fallará ni una vez nunca jamás. Antes de llegar a la descripción le quise poner esta advertencia.

Tome azúcar semirrefinada que sea mediocremente bella, hágala derretirse y licuarse con una cantidad suficiente de agua, así como una libra y media, hiérvalo y, cuando comience a hervir, cuélelo amablemente para que no tenga alguna paja de las cañas que fácilmente tiene el azúcar semirrefinada, luego volcará dentro de una cazuela el azúcar semirrefinada y la cocerá hasta su última cocción. Estará listo cuando vea que ha cocido en forma de electuario. Le reducirá el fuego entonces y luego cogerá un vaso muy lleno de agua con un cirio dentro y cuando quiera probar si el azú-

---

1. *Una especie de golosina a base de caramelos.*
2. *Nostradamus parece referirse a Albucasis, cirujano del siglo XI y una figura destacada en la medicina islámica.*

car está cocida, mojará el cirio de madera dentro del azúcar y luego muy rápidamente lo pondrá dentro del vaso de agua para enfriarlo, luego meterá el cirio dentro de su garganta para probarlo y si siente que el azúcar es gruesa y que no pasa entre los dientes, no estará cocido. Hace falta probar e intentarlo muy a menudo porque si permanece solamente un instante después de la cocción se quemaría y se estropearía. Volverá a intentarlo con el cirio poniéndolo dentro del azúcar hirviendo y luego lo pondrá dentro del vaso de agua para que se enfríe, seguidamente usando los dientes si ve que se rompe en trozos muy fácilmente como un cristal o una pieza de hielo, entonces muy veloz y sin tardar, lo quitará del fuego y dejará bajarse un poco la espuma, por ejemplo, lo mismo que tarda en decirse un Ave María, sin más. Luego echará todo sobre un mármol untado de aceite o sobre una mesa de nogal que guardará su calor mucho tiempo. Cuando lo ponga sobre el mármol y se extienda por todas partes lo volverá a poner siempre en un montón. Cuando la masa esté blanda y tan caliente que apenas la pueda aguantar la pondrá sobre un gancho de hierro hecho para la ocasión. La estirará lo más que pueda, no tema al calor al tirar porque no es necesario untar nada las manos, las ponemos sobre harina de almidón y cuando tire comience sólo con la punta de los dedos, porque si lo coge con el puño se quedará todo en la mano y el gancho no tendrá nada causando que se panifique entre las manos, pero si coge poco, se extenderá y se alargará todo lo que usted quiera. Cuando vea que al tirar está muy blanca vuelva a tirar un poco más y meta por debajo del gancho una calentada con el fuego. Es conveniente que cuando deje uno al otro lo peine para aliviar las manos del calor porque el azúcar lleva en sí un calor fuerte que dura largamente. Entonces cuando vea que está muy blanca la hilará poco a poco del grosor o esencia que usted quiera, extenderá hojas de papel del largo que le haya dado emblanquecidas con harina fina o con almidón y, cuando esté del todo estirado e hilado, si desea que esté panificado en una hora póngalo dentro de una caja ancha y luego acérquelo al fuego o póngalo en una parte que se pueda calentar bien por todos los lados, así todos estarán panificados[1] en media hora. También puede poner su caja colgada en un engranaje de hacer seda y meter en el engranaje una calentada de fuego y en media hora estará panificado.

Me gustaría señalar que sólo se pueden hacer cada vez dos libras o dos libras y media, no más. No hay que añadir ninguna cosa de este mundo, ni miel, ni aceite, como hacen algunos soñadores e ignorantes para no hacerlos ennegrecer ni oler mal. Cuando permanecen hechos largo tiempo llegan a ponerse como rojizos y húmedos, cosa que los denigra, pero quien los quiera hacer bellos y perfectos que sólo les añada azúcar semirrefinada o azúcar de pilón. Y debe entender que si lo quiere hacer con bello pan de azúcar, se haría bien, pero no tan fácilmente como con azúcar semirrefinada que al ser más viscosa lo hace más tratable y más fácil de estirar, porque entre más se estire mejor se emblanquecerá. Bulchasis opinaba que por cada libra de azúcar se debía poner una onza de miel pero, salvando su perpetua memoria, los que le han querido suceder han realizado *penites* resultando feos y de mal gusto. Hay otros que están cerca de cocerlo ponen aceite de almendras dulces y cuando dan el último toque lo notan rancio y en lugar de suavizar el gaznate se lo cuece a causa del aceite.

Por eso, cuando quiera hacer bellos *penides* o *penites* siguiendo susodicha descripción los hará perfectos.

Para hacer un jarabe de rosas laxante que sólo con una onza hará operación maravillosa y nada violenta, que se podrá ofrecer a una mujer en cinta en los primeros y últimos meses, a cualquier edad y en cualquier tiempo, sin ningún peligro. CAPITULO. XXIX.

Tome rosas rojas de las que tienen color cerúleo con un poco de blanco y rojo, que es encarnado y llamamos color *taraceo*[2].

---

1. La panisse es una especialidad culinaria de Liguria conocida y apreciada también en el Sudeste de Francia, desde Niza hasta Marsella. Se trata de un preparado que se consume frito o dorado al horno. La panisse se presenta en general en forma de rollos de 20 cm de largo y 7 cm de diámetro aproximadamente, que se divide en rodajas o en dados y que se fríe en aceite y se consumen calientes.
2. En el original saraceus. Aquí ha sido interpretado como taraceus, de taracea, que viene a significar mosaico de madera labrada con incrustaciones de nácar y otros materiales que forman un dibujo.

Tomará novecientas y quitará las hojas o los capullos que están esparcidos o abiertos a medias, después de que estén muy bien deshojadas, que haya mejor mil que novecientas y que estén limpias, las frotará un poco entre las manos a fin de que si hay algún grano entero se deshaga, también para que el agua caliente lo penetre más fácilmente. Ahora pondrá todas las rosas dentro de un cántaro de tierra embarnizado que sea grande, luego coja agua de fuente y la hierve, cuando esté hirviendo, la derramará dentro del cántaro y con un palo lo removerá bastante, a fin de que el agua hirviente se mezcle bien con las rosas, procure que el agua cubra todas las rosas para que las remoje durante veinticuatro horas en susodicho cántaro. Al cabo de las veinticuatro horas derramará todo en una cazuela o caldero y lo hará hervir dos o tres ebulliciones, luego colará la decocción y la exprimirá lo más fuerte que pueda en un lagar o entre dos palos hasta que queden solamente las rosas totalmente secas y blancas.

La decocción, que será ahora bermeja como el vino y olorosa como agua de rosas, la pondrá en un frasco y todavía pondrá más de quinientas rosas deshojadas como hizo antes y las pondrá en susodicho cántaro, luego tomará la decocción que estaba dentro del frasco y la calentará cerca de la ebullición y cuando esté muy caliente derramará dentro las rosas. Si no alcanza la decocción podría poner un poco de agua hirviente y dejarlas remojarse por otras veinticuatro horas. Al cabo de veinticuatro horas lo hervirá un poco y luego colará la decocción y la prensará lo más fuerte que le sea posible. Cuando todo esté colado tomará una libra de azúcar de dieciocho onzas y la pondrá dentro de la decocción sin clarificar hirviéndola hasta que adquiera forma de jarabe poco cocido, porque las rosas dan viscosidad y hacen al jarabe espesarse. Cuando esté cocido lo quitará del fuego y cuando se enfríe lo pondrá dentro de un vaso de vidrio o de tierra barnizada.

Bastará con tomar una onza por la mañana para que le haga una operación maravillosa y laudable. Algunos lo enriquecerán con ruibarbo haciendo su operación más laudable, ésta es llamada

Catártico imperial[1], y vale como medicina laxante para Reyes o Emperadores.

Se realiza así.

Tome el pez de cuatro onzas de ruibarbo y un dracma de cinamomo, lo pulveriza todo, y cuando el jarabe esté cerca de cocerse tomará el ruibarbo y lo pondrá en un trozo de estameña[2] clara y la cerrará con una red colgada dentro, cuando el jarabe hierba exprímalo a menudo y cuando esté cocido cuelgue el ruibarbo dentro del jarabe, póngalo en el vaso y ciérrelo muy bien.

Éste jarabe lo deben de usar los señores que tienen dominación sobre alguien y que no son dueños de su cólera: porque una onza de éste jarabe expulsará la cólera por un tiempo largo y le curará y preservará de la fiebre terciaria y, además, se encuentra entre las medicinas reales que se puede ingerir con toda seguridad.

También se puede hacer de otra forma con un resultado igualmente bueno y de tan buena operación.

Otro modo para hacer el jarabe de rosas laxante que hace una operación laudable. CAPITULO. XXX.

Tome la cantidad que quiera de rosas del color de las primeras o de las rojas que no tienen tanta amargura, las pone dentro de un mortero de mármol para machacarlas bien, luego sacará todo el jugo que pueda salir y cuando crea que pueda haber dos libras y media de jugo sin purificar, tomará una libra de bella azúcar semirrefinada muy nítida y de su pez dieciséis onzas, lo hará hervir todo sin espumarlo y lo cocerá hasta que tenga forma de jarabe. Cuando esté cocido perfectamente lo quitará del fuego y lo dejará enfriarse, lo pondrá en un vaso y podrá tomar una onza como del primero.

Si quiere que sea más excelente y su operación más magnífica para personajes generosos, tomará una onza de buen ruibarbo, de

---

1. *Catarticum imperiale. Del griego. kathartikos, katharos, limpio, purgante. En medicina, catártica es una sustancia que acelera la defecación. Por lo tanto, esta expresión mezcla de griego con latín usada por Nostradamus, vendría a significar: Catártico Imperial.*

2. *Del latín texta staminea, tejidos de estambre, stamineus, stamen, estambre. Tela de lana, sencilla y ordinaria, que se usa principalmente para hacer hábitos.*

cinamomo dos *scrupules*[1], quince granos de espicanardo, todo lo pulveriza junto muy sutilmente, que no se airé, y cuando todo esté bien pulverizado lo pondrá dentro de la vasija donde está el jarabe de rosas y los mezclará con una espátula o una cuchara de plata. Cuando lo quiera usar mueva mucho la vasija y tome una buena onza y lo ensopa con un caldo de pollo sin sal o con alguna agua cordial. Lo tomará por la mañana en ayunas unas cinco o seis veces, no le irritará nada ni le dará dolor de estómago, de vientre o de corazón y, después de que haga su deposición, se sentirá tan alegre y aliviado que nunca habrá tomado medicina laxante más amistosa ni que le haya hecho tanto bien y provecho. Los grandes señores acostumbran a coger todo como explico abajo haciendo una operación sin igual, expulsando la melancolía y manteniendo al hombre perpetuamente alegre y jovial. Tome media onza de sena oriental y la machaca mucho, la hierve en caldo de pollo que esté muy hervido y en susodicho caldo disolverá una onza de éste jarabe de rosas. Ahora podrá decir que nunca tomó medicina laxante que le haya hecho tanto bien ni más regocijo que éste jarabe, el cual, hice hacer y hago para personajes de honor y delicados. La composición de éste jarabe es fácil de hacer pero posiblemente se usa poco, lo hice usar a menudo en Savona cerca de Genova para varios gentiles hombres que debido a su naturaleza quieren usar medicinas solutivas, que son benignas. Entre todos, lo mezclaban bien Antonio Vigerchio, tendero de Savona, hombre de bien al cual verdaderamente la facultad farmacéutica le debe la palma o el laurel, él fue de vida muy transitada. René el pilar verde de Lyon en el tiempo que yo estaba allí en el año mil quinientos cuarenta y siete de peste, un personaje en éste estado que era un hombre de bien. En Aix en Provenza sobrepasaba a todos los que yo frecuenté, vagando por el mundo, ejerciendo y conociendo la cualidad de la gente, la pureza y sinceridad, José Turel Mercurin[2], que al igual que Francisco Berard

---

1. Del latin scripulum. Anciana unidad de medida equivalente a 24 partes de una onza.
2. Amigo de la familia de Nostradamus. Consta, que la familia Turrel o Tourel y Mercurin se reunían a menudo en los actos del Ilustre Colegio Notarial de Saint Remy.

Salonnois, llegó a imitar el siglo dorado con toda perfección, haciendo y cumpliendo lo que hacían.

Yo primero frecuente y conocí Marsella como una ciudad donde abundaban todas las medicinas simples, pero no me atrevería a decir las maldades que ellos cometían en la composición de la medicina, pocos se libraban de esta practica y peor sería si no tuvieran la perspicacia y el saber Hipocrático del maestro Luis Serre[1], que si Erasístrato estaba en pesajes, lo completaba con el suyo.

La famosa ciudad de Montpellier se enriqueció de un nutrido número de personajes sabios en la facultad perfecta de medicina, que finalizaron a la perfección. También en el presente, hay personajes que están ejerciendo curiosamente la doctrina de medicina, de entre ellos, son varios los que continuamente trabajan y redactan por escrito para perpetuar su memoria para siempre: como Antonius Saporta Filius, que yo no se si el alma de Hipócrates se transformó en él, M. Guillermo Rondelet[2], a quien Aelianus Massarius o Dioscórides[3] la lupa no le habrían dejado nuca por una divina mutación de Euphorbi[4] en él, y Honorius Castellanus quien está todavía con la salida del Sol, porque no tiene permitido ejercer la facultad latricia, ni redactar nada que no sea sobre la puesta del Sol.

En la Universidad de Aviñón son varios los que hacen todo lo contrario que Cristo nos mandó cuando decía, que tenía preparado tesoros en el cielo donde los ladrones no robarían en absoluto, ni haría falta el dinero, ni se podría judgar. ¿A caso por el estudio de las letras su nombre sería inmortal? Cuando Homero y otras almas del cielo hablaban, no se podían saber *los nombres de los Inmortales inquietos*[5] Pero en verdad, ellos profieren la riqueza de

---

1. Se matriculó en Montpellier en 1507. Junto a Nostradamus, sobre 1544, combatió la peste en Marsella.
2. Célebre médico, naturalista y catedrático nacido en Francia en 1507 y fallecido en 1566. Dejó varias obras de medicina, botánica y farmacología.
3. Pedanio Dioscórides Anazarbeo. Anazarbus. Médico, farmacólogo y botánico de la antigua Grecia, cuya obra, Materia Médica, alcanzó una amplia difusión y se convirtió en el principal manual de farmacopea durante la Edad Media y el Renacimiento.
4. Euforbo fue médico de Juba II, rey de Mauritania, a finales del siglo I.
5. Strenuorum nomen Immortale.

este mundo miserable que temprano perece, a lo que por las letras sería del todo perdurable. Ellos son como Tantalus[1], tanto, tanto, y sin tener nada. Mas nosotros volveremos al camino de donde vinimos para darles de que hablar a algunos que tendrán conocimiento de gentes, y dejemos a parte a los que tienen saber y poder y les gusta más un escudo, que escriben apenas una hora. Lo que yo conozco varios lo saben hacer, pero la riqueza los ciega, y aún pensando que tienen razón, son engañados. *La memoria de ellos se pierde sin sonido*[2]. No tardé en practicar nuevamente en la ciudad de Burdeos, Toulouse, Narbona, Carcasona, y en la mayor parte del país de Agenois[3]. También en Agen, donde la facultad de Medicina era soberanamente practicada y resucitada en su grado más alto, no tan solamente la Medicina, mas toda Filosofía Platónica desde la llegada de Julius Caesar Scaliger, que yo no se si su alma sería la del padre de la elocuencia Cicerón, en la perfecta y suprema poesía un segundo Maro[4], en la doctrina de Medicina dos Galiens, a quien yo le estoy más agradecido que a ningún otro personaje de éste mundo y que a ningún otro preceptor que muere sin ocuparse nadie de ellos perpetuamente. La ciudad sin igual de Lyon no sabe que tiene a un notable personaje de saber incomparable llamado Phil. Sarracenus[5], al cual desde los principios de mi edad activa instigué. Yo he oído decir que se retiró a Villefranche[6]. *No le envidio*[7]: pero me parece vista su doctrina, que no debió irse porque su reinado no durará mucho.

---

1. En la mitología griega Tántalo era un hijo de Zeus y la oceánide Pluto. Se convirtió en uno de los habitantes del Tártaro, la parte más profunda del Inframundo reservada al castigo de los malvados.
2. Peribit memoria eorum sine sonitu
3. Región histórica del sudoeste de Francia. En la antigua Galia, Agenais fue el país de los nitrobriges.
4. Publius Vergilius Maro. 70 - 19 a.C. Poeta romano.
5. Philibert Sarrazin originario de Charlieu, se matriculó en Montpellier en 1539, y se tituló como Doctor en 1545. Establecido en Ginebra en 1551.
6. En el original aparece separado como Ville Franche, que podría traducirse como Villa Franca.
7. Del latín, Illi nec inuideo.

Estando yo en *Valence Allobrogum*[1] conocí a un buen boticario excelente en cartas matemáticas del que no recuerdo el nombre. Yo no sabía si morir asombrado al ver en su gabinete lo que vio Aristipo[2] en la orilla de Siracusa o en otra parte, cuando perdió todos sus bienes por mar. Vi las líneas y las cuadraturas, una pérgola de Arquímedes, y artefactos sutiles que yo no conocía en la ciencia de la medicina. Verdad es, que en Viena, vi a algunos personajes dignos de una suprema coronación: uno de ellos era Hieronymus Montuus[3] hombre digno de alabanza, y Franciseus Marius, joven hombre con una expectativa de buena fe. Aproximándose tenemos sólo a Franciscus Valeriola[4], al cual en nuestro prefacio hemos hecho mención por su singular humanidad, su rapidez en aprender y su memoria tenacísima, todo ello me fuerza a rememorarlo.

Aquí hago mi residencia, me he alojado en la facultad en la cual hago profesión entre bestias brutas y gente bárbara, enemigos mortales de las buenas letras y de la erudición memorable. Para no prolongar en exceso éste pequeño libro, terminaré, prometo que ésto será agradable de divulgar por varias otras cosas dignas de elogio. Sin embargo, amigo lector, si tú ves alguna materia que no sea agradable para ti, o si por novato te hace falta retirar la frente, yo te diré eso que ves gravado en el mármol.

¿Crees que estando Pitonisa no habría más trípodes?[5]

Es verdad que hay muchas cosas que son caras y difíciles de hacer, pero si tú quieres calcularlo con tu celebro no encontrarás ninguna cosa que no facilite hacerlo, mas quién quiera usarlo con una avaricia demasiado severa, debería saber bien, que lo que pretende será frustrado.

---

1. Parece referirse a Viena y no a Valencia, ya que Vienne Allobrogum fue la antigua capital de la tribu céltica de la Narbonense, conocida posteriormente como Vienne o Viena del Delfinado, en el actual departamento del Isère, a orillas del Ródano.

2. Arístipo o Aristippus. 435 - 350 a.C. Fue un filósofo griego fundador de la escuela cirenaica que identificaba el bien con el placer.

3. Jérôme de Monteux, originario de Ast, se matriculó en Montpellier en 1518, y fue médico en Viena, en Lyon, de Enrique II y François II.

4. Se matriculó en Montpellier en 1514.

5. Credis sum Pythi overa magis trípode.

He omitido varias otras destilaciones por no provocar demasiados enojos, tanto de aceites, como de otros licores, omití también varias clases y modos de hacer confituras y condimentos que posiblemente a varios enfadarían, pero le digo, que si alguien perfecciona con inteligencia y sabe entender bien la maestría y debidamente gobierna el azúcar, pondrá todos los frutos en perfecta confitura, opuestamente, si tú no conoces bien el efecto del azúcar cuando está licuada, echarás todo a perder.

Nuestra doctrina guiará a la persona que jamás ha puesto administración en éste trabajo y lo hará tan bien que parecerá que lo ha hecho toda su vida. Verdad es, que quién se ha versado más largamente, lo hará mejor y con más seguridad que el primerizo, como es lógico.

Espero que le guste recibir con agrado éste pequeño Libro, que le presento para regalo[1] de lo heredado[2].

F I N.

---

1. En el original encontramos estreines, que se acerca a étrenner, traducido como estrenar, del latín strena, présage. Entonces la traducción quedaría como: "que le presento para presagios nuevos". Pero se ha elegido étrennes que se traduce como regalo o aguinaldo que se ofrece a principios de año.

2. En el original encontramos, nouvellete, que podemos traducir como término jurídico referente a una empresa hecha sobre el poseedor de una herencia. También puede ser traducido como novedad.

En elogio a los más reconocidos de la Facultad de Medicina, el médico, DN. MICHAEL Nostradamus.

En este pequeño libro no dudéis lectores un poco por la conveniencia de intentar liberara a los Autores.

HEXASTICHUM.[1]

Doctor con suma dignidad y alabanza Miguel,
No estudies la carencia de tu gran poema
Ésto puede desbloquear en el librito a los jóvenes una gran doctrina,
Por lo que, muchos aprovecharán tú trabajo.
Mucho enseñará debiendo encomiar por su juventud;
Y serán tus alabanzas escritas para leer las viejas.

---

1. *Hexastichum.* Cebada con seis filas verticales, seis aristas de espiguillas, con torno de espiga hexagonal. *Hexastique.* Que consta de seis versos, o lo que es lo mismo, sextilla. *Hexateuch,* término teológico. Hexateuco, los primeros seis Libros del *Viejo Testamento* que incluye la Torá y el Libro de Josué.

HERMOLAUS Bárbaro envía salud a Pierre Cara, jurisconsulto y trabajadísimo Orador. Trasladado del Latín al Frances por el maestro Michel Nostradamus.

El señor Trivulce[1], valiente hombre en hechos de guerra, en tiempo de paz se esposó con una mujer, una dama Napolitana de muy noble y honorable familia. Yo fui invitado a su comensal pero antes de la cena pontifical y suntuosa, en las primeras carnes que fueron ofrecidas me emborraché e hice más de espectador que de comensal. Creo que será bueno y agradable para ti o para los posteriores, si yo te describo los manjares y las carnes, no así como Macrobio[2] lo hizo con los nuestros, ni como Ateneo[3] con los griegos, dejándoselo en grandes volúmenes por escrito, pero sí como un hombre ocupado y no excediéndome más allá de una epístola.

Primeramente dieron el agua para lavar las manos, pero no de pie como nosotros lo hacemos, fue presentada cuando estábamos sentados y a cada uno nos repartieron agua de rosas, después y muy rápidamente trajeron los turrones en tableta y roca hecha de azúcar, agua de rosas, y piñones, luego después la tarta y el mazapán hecho de azúcar, agua de rosas y almendras, nosotros lo llamamos comúnmente panes Marciales.

En el segundo pusieron espárragos recientes.

En el tercero pusieron el corazón, el hígado, y el estómago de los pájaros, follajes los llaman nuestros cocineros.

En el cuarto pusieron la carne de ciervo asado.

En el quinto las cabezas de las becerras y terneros hervidos con sus pieles.

En el sexto capones, gallinas, palomos acompañados con lenguas de bueyes, jamón de recebo, todo hervido y con salsa de

---

1. *Gian Giacomo Trivulzio, nacido en 1440 en Milán y muerto en 1518 en Arpajon. Provenía de una familia noble y fue marqués de Vigevano.*
2. *Flavio Teodosio Macrobio Ambrosio. Escritor, filósofo y filólogo latín, autor de la Saturnalia. Nació alrededor del 370 en Sicca, Numidia.*
3. *Ateneo o Atheneus fue un escritor de la Grecia antigua del siglo III d.C. Su obra Deipnosophistae, "Banquete de los eruditos", es una inmensa masa de anécdotas y fragmentos de escritores de todos los géneros que cubren casi cualquier tema imaginable, pero todo dentro del contexto de la gastronomía.*

limón, así los cocineros Milaneses llaman a lo que nuestros cocineros Venecianos llaman *sermiaque*.

En el séptimo cabrito entero asado, a cada uno en un plato de plata en forma cuadrangular, junto con el zumo que se hace de cerezas amargas o como les gusta a algunos llamar mejor, cerezas de laurel, que se hacen en lugar de salsa y condimentos.

En el Octavo tórtolas, perdiz, faisanes, codornices, tordos, salmón, y todo tipo de criaturas voladoras, blandas y con aplicación asadas. Las *olivas Salonois*[1] se pusieron en lugar de condimento.

En el noveno un gallo cocido con azúcar, humedecido y rociado con agua de rosas, repartido dentro de un pequeño platillo de plata cóncavo, así como en otras vajillas para cada uno de los comensales.

En el décimo pusieron un pequeño cerdo asado entero, uno para cada dos, sobre un pequeño tazón con un vaso donde había cierto licor.

En el undécimo sirvieron pavo real asado y para su condimento salsa blanca, o más bien, ferruginosa, que se hizo de hígados prensados y de una preciosa y aromática composición añadida según la proporción y la simetría. Los españoles lo llaman Garruchas.

En el duodécimo lo pusieron estando la gente ya perjudicada y caliente. Fue hecho con huevo, leche, salvia, harina y azúcar. Nosotros lo llamamos *saulgret*[2].

En el decimotercero pusieron trozos de membrillos confitados con azúcar, clavo y canela.

En el decimocuarto había: cardos, piñones, alcachofas, si usted quiere mejor.

En el decimoquinto, después de lavarnos las manos, había toda clase de *peladillas*[3] elaboradas con cilantro, hinojo de Florencia,

---

1. Podría referirse a un tipo de olivas de Salon o saladas.
2. Saugrenée. En el siglo XVI, era el nombre de un sazonado de guisantes y habas, con mantequilla, hierbas finas, agua y sal.
3. Dragées. Peladilla. Confitería constituida por una almendra, una avellana o de una semilla, recubierta de una capa de azúcar compacta y lisa.

una almendra, anís, clavo, corteza de naranja picada, canela y peladilla almizclada.

Después trajeron a jugadores de farsas y comedias, batalladores, jugadores de cubiletes, hacedores de sobresaltos, y jugadores de buenas moralidades. Unos caminaban sobre las cuerdas, otros imitaban toda clase de animales con su boca, había toda clase de instrumentos, flautas, tocadores de laúdes, órganos, espinetas, guitarras, salterios y arpas. Posteriormente cada uno puso antorchas de cirio blanco empapadas en perfume y los gimnastas, mencionados antes, medio dorados, se metieron dentro. Había toda clase de pájaros y otros animales de cuatro patas, tantas clases había de pájaros y otros animales cocidos como los que dije en a la mesa anterior, cada mesa estaba preparada con sus asientos y su bufé. Los que estaban al servicio de los ciudadanos se pusieron con ciudadanos particulares y los ministros con los conocidos. Además de todo lo demás, había tal silencio que no lo conocieron jamás ni siquiera en el culto de Pitágoras.

Dios esté contigo, en Milán éste VI. de mayo de
M.CCCC.LXXXVIII.

Michael Nostradamus
Sextrophaeanus[1] servidor del litoral de Salon, 1552.

---

1. Puede referirse a: originario del lugar donde se encuentra el trofeo o monumento de Sextius o a las seis provincias de Salon.

Tabla de las cosas contenidas en éste presente Librito.

Lo que está comprendido en la primera parte, se refiere a la manera de hacer diversos maquillajes y fragancias para la ilustración de la cara.

El primero. Para equipar lo sublime que hay en una soberana composición para la ilustración de la cara. 17

Otro modo para preparar bien y ataviar lo sublime, no menor que la primera. 20

Para hacer pomada de un soberano olor, bondad y excelencia. 22

El modo verdadero para hacer el aceite de benjuí, que es del olor más soberano que se pueda hacer y el fundamento de los buenos olores. Después del bálsamo natural y el aceite de ámbar, ésto tiene lo principal en suavidad de olor, que era llamado *ros ciyriacus*. 25

Otro modo para hacer susodicho aceite de benjuí. 26

Para hacer aceite de nuez moscada con toda perfección, que tiene todas las virtudes de la nuez muguete. Página 27

Otra manera para hacer susodicho aceite, pero sofisticadamente, y que tiene tanta o más virtud y eficacia como la primera. 28

Para hacer la principal materia del polvo de olor con bondad perfecta y excelencia, de un olor extraño, pero que rinde una suavidad agradable y de larga duración, además es muy soberano para la peste. 28

Para hacer polvo de violeta. 31

Para hacer una pasta de un buen olor que dura largamente, la cual es muy limpia y decente para mezclar con las manzanas de olor o para hacer los padres nuestros. 32

Otra anotación para componer manzanas de olor. 33

Para hacer otras manzanas de olores no menores que las primeras. 34

Polvo para limpiar y emblanquecer los dientes y volver el aliento dulce y suave, y que en poco de días limpia los dientes haciéndolos blancos como marfil por negros y rojizos que sean. 34

Otro modo más excelente para limpiar los dientes igualmente cuando están muy podridos y corrompidos. 35

Para hacer agua de olores para rociar las formas, o pequeñas fórmulas que son como supositorios para limpiar los dientes. 35

Y señalar que éste agua, si es mezclada muy sutilmente, hará un maquillaje que en tres días, una cara morena será blanca, y ofrecerá un olor soberano que rendirá a todas las personas. 36

Para hacer aceite de un olor que no es posible en todo el mundo universal, que ni en la facultad de Medicina lo hacen que sea de más excelente y soberano olor. 37

Para componer la verdadera taza amatoria y Venérea, de la que gastaban los antiguos en hechos de amor. 38

Para hacer una clase de jabón moscatel que emblanquece y endulza las manos con un dulce y suave olor, dándolas una perfecta blancura y dulzura al tocarlas. 41

Otra manera de jabón moscatel para la barba que puede servir para los señores, que es de buen olor. 42

Para hacer Bórax artificial claro como azúcar candí. 43

La forma para hacer agua destilada para emblanquecer e ilustrar perfectamente la cara. 44

Para hacer la verdadera leche virginal que está numerada entre las aplicaciones que se hacen, tanto para emblanquecer, como para quitar las máculas de la cara. 46

Para hacer lo cabellos rubios como un hilo de oro y que aún siendo negros o blancos, los vuelva de color eslavo sin que en tiempo largo pierdan sus colores, conservándolos enteros y haciéndolos crecer rojizos desde la raíz hasta el final. 47

Otro modo para hacer el pelo de la barba rubio y de color dorado, y quitar alguna superfluidad del cuerpo que desenturbia lacara sin herir. 48

Para hacer una muy soberana y muy útil composición para la salud del cuerpo humano, la cual es de gran virtud y eficacia. 50

La manera de como se debe usar la susodicha composición, que es igual en virtud y eficacia al oro potable y a la virtud de éste. 52

Para convertir los cabellos de la barba negros por muy blancos que sean. 55

Para hacer jabón negro que ennegrece la barba rápidamente. 56

Para hacer un aceite que es de color negro, que pone al pelo negro durante largo tiempo, con un color de mora como el color de un cuervo. No hace falta enjabonar la barba, ni el pelo para esto, tan solamente al peinarlo dará a la barba un buen y muy suave olor. 57

Para hacer el aceite que Medea hacía, el cual rápidamente impregnaba y que tocando el pelo al instante cambiaba de color volviéndose negro. 58

Para ponerse el nácar prosopopeya que está entre las composiciones de honor y magnificencia utilizadas para embellecerse y emblanquecerse la cara, ilustrándola con un color blanco natural que mantendrá al personaje largamente como un adolescente. 63

Una soberana nocturna aplicación para quitar las manchas de la cara cubriéndolas y destruyéndolas. En una noche estarán totalmente desvanecidas sin aparecer nunca más. Desaparecen al sol, anulándolas y desvaneciendo las anomalías. 64

Para hacer un maquillaje que emblanquezca la cara, conservándola largamente bella, dándola una palidez y una blancura ingenua de poca duración, pero que tendrá que hacerlo por lo menos cada cuatro días. Es para gente común y de poco tomar. 65

La segunda parte contiene el modo y manera de hacer todas las confituras líquidas, tanto de azúcar y de miel, como de vino cocido.

La primera es para confitar la corteza o la pulpa del limón con azúcar. 71

Para confitar la carne de calabaza que llaman cucurbitáceas o calabazas, que es una confitura refrigerativa, que refresca y da buen gusto. 72

Para confitar la piel de naranja con azúcar o en miel, que será buena por excelencia. 74

Para confitar naranjas y que estén buenas para comer pasado un día, como si hubieran sido remojadas quince días antes. 75

Para confitar nueces u otra confitura sin miel y sin azúcar, que serán también buenas poco menos que con azúcar y mejores que con la miel. Cualquier clase de confitura se puede hacer sin azúcar o miel. 76

Para hacer el vino cocido que Marcus Varro llama *Defrutum* que sirve para hacer confituras en forma líquida. 76

Para hacer lechugas confitadas de azúcar. 78

El modo para clarificar la azúcar semirrefinada o la azúcar que está negra, o estropeada, tanto para confitar lechugas, como para todas las otras confituras. 79

Para hacer una confitura de cerezas o guindas llamada por los italianos amarena que da atavíos tan bellos y soberanos como es posible en el mundo. Aún siendo hechas hace un año parecen ser del mismo día y son de un gusto supremo. 80

Para hacer gelatina de cerezas tan clara y bermeja como un fino rubí, de una bondad, sabor y virtud excelente. Las cerezas se conservarán largamente en perfección sin agregar nada más que el fruto. Son para presentar delante de un Rey por su excelencia suprema. 81

Otro modo para hacer gelatina de cerezas, que es más delicada que la primera, pero es más cara y para grandes señores. 82

Para hacer la confitura del jengibre verde, que aunque se llame así se hace de un jengibre llamado mecquin1 porque es de la Meca, donde Mahoma está enterrado. 84

Para conservar el agua del jengibre y hacer un buen polvo, para hacer soberano vino hipocrás. 86

Para hacer una raíz confitada que se llama *hiringus*, que tendrá todas las virtudes, las bondades y cualidades que tiene el jengibre verde, pero de gusto más suave. 86

Para hacer almendras confitadas verdes con las que están medio maduras, y que es una confitura fresca y delicada. 87

Para hacer gelatina de membrillo de soberana belleza, bondad, sabor y excelencia, que se conserva buena largamente y es propia para presentar ante un Rey. 88

Otro modo para hacer gelatina de membrillo mucho más bella y más preciosa e igual en sabor. Verdaderamente es mucho más cara, pero quien la quiera hacer para príncipes o grandes señores, no le haría falta hacer otra nada más que ésta, porque sobrepasa todo y no hace falta usar ninguna avaricia. 89

Otro modo para hacer gelatina de membrillos en roca, de mejor gusto y de sustancia mayor, con tanta belleza, bondad, valor, y excelencia como las otras. 91

Para confitar pequeños limones y naranjas enteras de las nuevas, cuando están en verdor. Es una confitura deleitosa y sabrosa que se puede usar cuando queramos. 91

Para confitar membrillos troceados en un día que se conservarán largamente con un maravilloso buen gusto y que pueden servir para dos intenciones: para medicina confortativa y restrictiva, y para comerlo a placer a todas las horas. 93

Para confitar los membrillos a trozos con el vino cocido sin que sea diferente a la realizada con azúcar, pero teniendo en cuenta que ha de hacerse en tiempo de vendimias. Se conservarán un año o dos con bondad y valor, y la salsa o el condimento donde han sido cocidos será maravillosamente bueno. Todo el año comerá y hará salsas. 94

Para hacer la conserva del membrillo que es de una gran sustancia, de buen sabor y más provechosa que ninguna de las otras. Verdaderamente no es tan deleitosa, pero en lo referente a los efectos y operaciones, es mejor. 95

Para hacer membrillos a trozos con azúcar de otra manera, que serán todavía mejores y más bellos que algunos de los otros. 95

Cómo confitar la corteza de buglosa, que los españoles llaman lengua bovina. Esta es un conditura cordial que preserva al personaje de tener fiebre héctica o retención de líquidos manteniéndolo jovial y alegre, expulsa toda melancolía, rejuvenece al hombre, retrasa la vejez, da buen color a la cara, mantiene al hombre con salud y preserva al hombre colérico de tentaciones. 97

Para hacer peras confitadas. 98

Para hacer el azúcar candí muy bella. 99

Para hacer *pignolat* en roca. 101

Para hacer tarta de mazapán, que Hermolaus Barbarus llamaba panes Marciales y que se puede cocer en casa o en cualquier lugar fácilmente. 103

Para hacer los *penites*, que nosotros llamamos panes de azúcar. 104

Para hacer un jarabe de rosas laxante que sólo con una onza hará operación maravillosa y nada violenta, que se podrá ofrecer a una mujer en cinta en los primeros y últimos meses, a cualquier edad y en cualquier tiempo, sin ningún peligro. 106

Otro modo para hacer el jarabe de rosas laxante que hace una operación laudable. 108

Una epístola que Hermolaus Barbarus envía a Pedro Cara jurisconsulto de Milán, en la cual, describe el banquete que se hizo en la boda del señor Trivulce. 115

Impreso en Lyon, por Juan Pullon, dicho de Trin.

www.ingramcontent.com/pod-product-compliance
Lightning Source LLC
Chambersburg PA
CBHW020009050426
42450CB00005B/387